인도를 바라보다

즐거운지식 15

사/람/사/는/세/상/인/도

인도를 바라보다

박홍윤 지음

이담 Books

글 · 사진 **박홍윤**

1955년생으로 충북 충주에서 태어나 서울대학교에서 행정학
박사학위를 취득하고, 1996년부터 고향인 충주에서 충주대학
교 행정학과 교수로 재직하고 있다. 대학에서 기획처장 등으로
바쁘게 살다, 2007년 여름부터 2008년 여름까지 1년간 인도
델리대학교에 방문교수로 가서 인도 학생들에게 한국어와 문
화를 가르쳤다. 인도에 있으면서 충청매일에 '인도 이야기'를
6개월간 연재하였다. 현재는 한국행정학회의 인도행정연구회의
부회장으로 인도를 생각하고 있다.
이메일 : p5rk96@cjnu.ac.kr

사진 **정재현**

현재 충주대학교 식품생명공학부 교수로 아마추어 사진작가로
활동하고 있다. 1997년과 2008년 두 번 인도를 방문하였다.
이 책에서 남인도에 관한 사진 및 인물 사진을 도움 받았다.

인도에서 부처님을 못 뵈었습니다

내가 인도를 간다고 하니 모두들 도 닦으러 가는가 하고 물었다. 대학에서 연구를 위하여 연수를 간다면 대부분 미국이나 우리가 선진국이라고 하는 나라를 선호한다. 이러한 상황에서 인도로 연수를 간다고 하니 모두가 한마디씩 하였다. 요가를 하고 명상을 하고 불교 유적지를 찾아다니며 삶과 죽음의 의미를 되새기는 일을 하는 것이 인도를 가는 목적으로 많은 사람들은 생각을 한다. 인도에 와서도 많은 사람들이 인도에 왜 왔는가하고 물어보았다. 처음에는 도망 왔다고(escape from) 했더니 사람들이 의아해했다. 한국에서 못된 짓을 하고 온 것처럼 말이다.

나는 인도에 어떠한 목적의식을 가지고 오지는 않았다. 단지 인터넷으로부터 도피하고 싶고, 내학의 일로부터 벗어나서 미루어 놓았던 연구를 하고 싶은 생각에서 도망치다시피 인도에 왔다.

많은 사람들이 인도에 와서 부처는 보지 못했지만 사람 사는 것을 보고 자신을 다시 보았다는 이야기를 한다. 인도는 일상의 자신으로부터 벗어나서 다시 자신을 찾고자 하는 욕망을 채워줄 수 있는 곳이다.

인도에서 1주일을 살면 책 한 권을 쓰고, 한 달을 살면 한 페이지를 쓰고, 일 년을 살면 한 줄을 쓰고, 10년을 살면 아무것도 쓸 말이 없다고 한다. 신비스럽게만 보이던 인도에서 반년만 지나면 인도가 한국과 같이 사람 사는 나라라는 것이 보이고, 인도에 적응하다 보면 이야깃거리가 줄어들게 된다. 이 책은 한 줄로 써야 할 인도를 책 한 권으로 바꾸다보니 인도를 이야기하기보다 사람 사는 이야기를 하게 되었다.

19세기 막스 뮐러는 인도는 "항상 진리를 추구하는 나라"로 찬양을 하였다. 이렇듯 많은 사람들은 인도가 진리만이 아니라 번뇌로부터의 해탈과 거지 성자를 만나고 마음에 풍요를 가지고 갈 수 있는 나라라는 생각을 가지고 있다. 그러나 인도는 내세와 영혼의 평안함보다는 그 끈질긴 삶을 위하여 투쟁하는 사람들이 살고 있다. 자연과 싸우고, 신과 싸우고, 사람과 싸운다. 그러면서 인도인들은 자연과 함께하고, 신처럼 행동하고, 사람과 함께한다.

저 멀리 신화 속에서 인도의 아요디아국을 김해 김 씨 외가로 받아들였던 우리는 식민 제국시대 타고르의 "동방의 등불"이라는 말 한마디로 희망을 얻었다. 그 인도에 대하여 한국 사람들은 항상 신비스러운 나라, 부처님이 계신 나라로 생각하였다. 특히 여행가나 작가들이 던져주는 단편적인 이야기들은 이러한 환상을 더욱 키워주었다. 여행가나 성지를 방문하는 스님들의 인도 이야기는 대부분 인도의 역사 유적 및 관광지에 대한 정보이고, 그것은 과거에 대한 것이 주를 이룬다. 인도의 사회를 보여 주지 못하고, 인도인들을 이야기하지 않는다. 더욱이 인도의 현재와 미래를 보여주지 못한다. 매스컴 또한 기네스북에 오를 수 있는 이야기만을 보도하니 인도에 대한 우리의 환상은 항상 신비 그 자체로 다가 왔다.

최근 IT를 기반으로 부상하는 인도 경제가 새로운 기삿거리가 되고 있지만 투자나 시장에 관심이 있는 사람들의 관심사일 뿐이다. 아직도 많은 사람들은 디스커버리나 TV 다큐멘터리로 방영하는 인도 오지 이야기와 부족에 관심을 가지고 그것이 인도인 것처럼 이야기를 한다.

이 책은 어떤 목적 없이 현대의 삶으로부터 도망치듯 인도에 가서 1년간 있으면서 보고 듣고 느낀 것을 정리하였다. 그러나 1년은 넓은 땅덩어리와 다양한 삶을 살아가는 인도를 이야기하기에는 너무 짧은 시간이다. 이 책은 지리적으로는 인도 북부, 그리고 도시 지역 가운데 델리에 한정된 삶의 이야기이다. 인도에 있는 동안 약 1/3의 시간을 여행으로 여러 지역을 다녔지만 그 여행지에 대한 이야기는 많이 하지 않았다. 여행에 대한 이야기는 너무 많이 있기 때문이다.

이 책은 단순한 이야기보다는 생활하면서 보고 느낀 것을 생각할 수 있도록 약간은 인문사회학적인 측면을 가미하여 쓰여졌다. 이에 의하여 인도 사회를 이해하기 위한 입문서적인 역할을 할 수 있도록 하였다.

2009년 8월

박 홍 윤

Contents

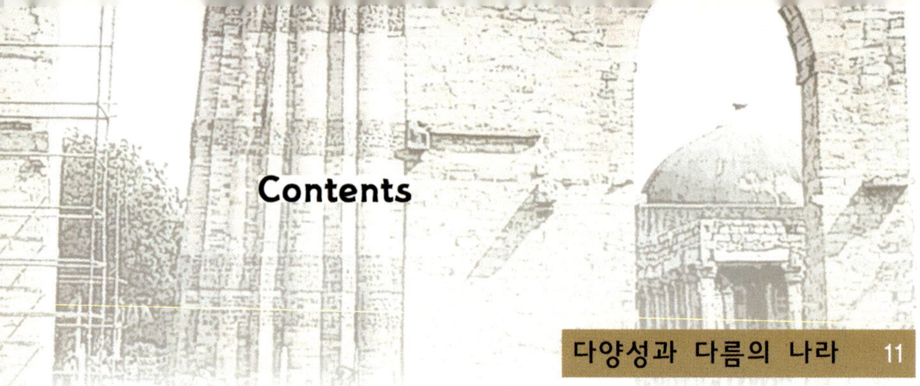

먹거리와 마실 것   135

돈과 경제   169

Contents

다양성과 다름의 나라

종교는 문화의 본질이고 문화는 종교의 형태이다.(P. 틸리히)

 신비스런 인디아

　일찍이 현장법사나 마르코 폴로 시대부터 지금까지 인도의 특징을 이야기할 때 공통적으로 드는 것이 다양성이다. 세상에서 가장 긴 역사를 가진 인도는 하나의 국가라기보다는 하나의 대륙으로 존속되어 왔다. 인도 대륙에 하나의 인도는 과거에도 없었고 현재에도 존재하지 않는다.

　사회나 인류학자들은 이러한 다양성의 원인을 인종, 종교, 언어 등에서 찾고 있다. 인도의 인종은 크게 니그리토, 아리안, 몽골인, 지중해인, 버마·말레이시안인, 북방인으로 크게 구분하지만 그 특성에 따라서 다시 세분되고 있다. 인종이 다양하니 흑색, 황색, 백색 피부를 가진 사람들이 지하철에 함께 타고 있다.

　세계 주요 종교 4개의 발상지인 인도에는 중요한 종교 공동체만 8개가 있다. 전체 인구의 82.7%를 차지하는 힌두교, 11.8%의 이슬람교, 2.6%의 그리스도교, 2.0%의 시크교, 0.7%의 불교, 0.4%의 자인교, 아직도 죽으면 새가 먹도록 조장을 하는 0.3%의 조로아스터교, 0.1%의 유태교, 그리고 인구의 6.9%가 샤머니즘을 종교로 가지고 있는데 그 수가 몇백 개는 된다.

　인도의 대표적 종교인 힌두교 자체도 다양성을 특징으로 한다.

힌두교는 하나의 통일된 교리를 가지지 않은 인도인들이 믿는 다양한 믿음의 복합체라 할 수 있다. 다신교 체계를 가지는 힌두교는 주술적인 원시신앙에서부터 철학적 우주관에 이르기까지 다양한 신과 교리를 가진다. 힌두교는 창시자도 없고, 유일한 경전도 존재하지 않고, 하나의 체계적 의식도 없다.

인도에는 인종과 부족의 수만큼이나 언어가 많다. 조사기준에 따라서 다르지만 인도 대륙에는 3,372개의 언어가 존재하며 이 중 10만 명 이상의 인구가 사용하는 언어공동체만 216개가 된다고 한다. 인도 헌법은 영어를 제외한 공용어로 18개를 지정하고 있고, 국영 라디오인 AIR은 21개 언어로 방송하고 있다. 우리는 종종 인도의 언어를 힌디어라고 생각하지만 힌디어를 모어로 사용하는 인구는 38% 정도에 불과하다. 인도는 영어국가이고 영어가 중요한 국가경쟁력이라고 이야기하지만 영어사용 인구는 최대 15% 수준에 불과하다.

인도에는 세계의 모든 사상이 집적되어 있다. 인도 헌법에서는 사회주의를 명시하고 있고, 1991년 시장 개방 이후 자본주의 물결이 넘실대고 있다. 많은 나라에서 귀신이 되어 사라지고 있는 공산주의가 이곳에서는 대로를 활보하고 있고, 3개의 주 정부는 공산당이 지배하고 있다. 이념이 다양하니 정당의 수가 140여 개까지 있은 적도 있었다.

인도에는 2007년 빌 게이츠를 앞선 리라이언스의 암바니가 세계 최대의 갑부 반열에 오르기도 하였지만 인구의 75% 이상이 1일 2달러 미만으로 살아가는 세계 최대의 빈국이다. 그러면서 상류층에 있어서 여성과 어린이의 비만은 심각한 상태에 이르고 있다.

한국 사람들이 인도에 오면서 가장 걱정하는 음식도 남인도와

리퍼브릭 데이의 행진

북인도 음식이 다르고 내륙과 해안이 다르다. 인도사람들이 좋아하는 터번이나 모자의 디자인이 지역마다 다르다. 1월 26일은 인도 최대의 기념일 중에 하나인 리퍼브릭 데이(Republic Day)이다. 이를 기념하기 위해서 델리의 인디아 게이트가 있는 라지 파트에서 군대 및 경찰과 각 주들이 퍼레이드를 하고, 2008 전국 민속 페스티벌이 프라가티 메이단이란 국제박람회장에서 약 1주일 간 열렸다. 그러나 통일성을 특징으로 하는 군대의 유니폼이 패션쇼장과 같고, 민속페스티벌에서 추는 민속춤의 의상과 음악은 아시아, 중동, 아프리카가 참여한 대륙 민속 페스티벌과 같았다.

인도에는 시간도 다양성을 가진다. 현대 인도에는 과거, 현재, 미래가 공존한다. 원시사회에서부터 21세기 사회가 공존한다. 예로 탈것을 보면 꼴까타에는 사람이 끄는 인력거가 있고, 낙타축제로 유명한 푸쉬가르에는 우리의 과일 리어-카와 같은데 사람을 태우고 달린다. 한국 사람이 많이 찾는 비하르 주의 라즈기르에서는 탕가라는 당나귀가 끄는 마차가 관광객을 실어 나르고 있다. 아직도 델리와 같은 대도시에서 심심치 않게 우마차가 중요한 운송수단이 되고 있다.

가장 일반적인 도시의 이동수단인 사이클 릭샤와 오토 릭샤는 우리의 60년대와 70년대 초에 있었던 삼륜차에 비할 것이 못 된다. 내가 있었던 델리대학교의 경우 사이클 릭샤는 학생들의 발과 같다. 뭄바이에는 2층 버스가 있고, 주요 관광지는 공해를 이유로 전기버스의 보급이 확대되고, 승용차와 택시가 델리에만 하루 1,000대 이상이 늘어나고 있다.

16꼴까따에는 1873년 개통되었다는 트램이라는 전차가 땡땡거리면서 사람을 나르고, 다르질링에는 꼬마 열차인 토이트레인이 있고, 델리, 꼴카따, 뭄바이에는 지하철이 많은 대중교통을 흡수하고 있다. 기차도 델리-아그라의 약 195Km를 2시간 반에 가는 보팔 익스프레스가 있는 반면에 4시간 넘게 걸리는 열차도 있다. 그러면서도 인도는 2020년까지 우주인을 달나라에 보내겠다는 계획을 세우고 있다.

인도에는 세계의 문화가 공존하고 있다. 라자스탄에는 전통 힌두문화가, 북부에는 티베트 문화가, 꼴까다와 뭄바이에는 영국 문화가, 고아에는 포르투갈 문화가, 방갈로르나 델리 주변의 위성도시 구르가온 등에는 IT산업과 미국 유학파들을 중심으로 미국 및 서구의 현대문화가 살아있다. 이 모든 것이 11억 인구와 남한의 33배나 되는 넓은 영토를 가지고 있기 때문이라고 이야기하기에는 너무도 다양한 나라가 인도이다.

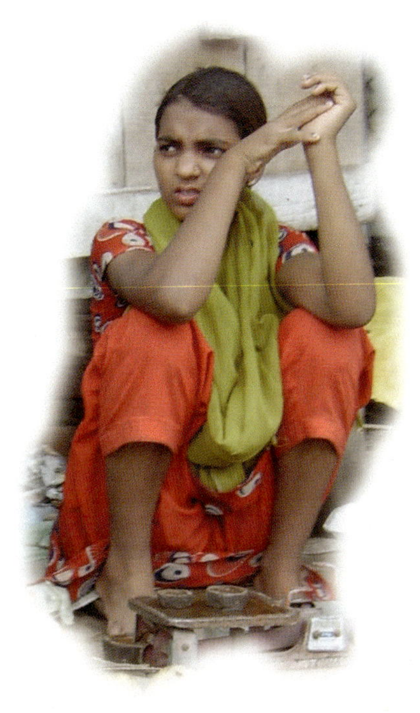

그렇지만 인도에는 이러한 다양성을 하나로 묶는 무엇인가가 있다. 그것은 간디가 이끈 인도의 독립에서 결집된 힘으로 나타났고, 온 국민을 아침부터 텔레비전 앞으로 끌어들이는 크리켓에 대한 열정으로 표현되며, 대서사시 라마야나와 마하바라타를 신화가 아닌 사실로 믿게 하는 힌두이즘으로 표현되고 있다.

인도 사회학자들 중에서는 이런 통일성을 인도 민주주의에서 찾기도 한다. 자칭 세계 최대 민주주의 국가라고 하는 인도 민주주의는 아직은 국민을 위한 민주주의가 부족한 인도식의 민주주의이지만 인도를 하나로 묶는 원동력이 되고 있다. 민주주의는 개인주의와 다양성을 전제로 하는 이념이다. 이 이념이 다양성을 인도라는 공동체로 묶어놓고 있다.

이렇게 다양하다 보니 아는 인도 교수들에게 인도와 인도문화에 대하여 물어보면 잘 모르겠다고 한다. 너무 다양하니 모든 것을 잘 알 수가 없고, 잘 모르다 보니 많은 것들이 신비스러움으로 남게 된다. 인도인들 자신도 정확하게 말할 수 없기 때문인지 인도의 국가 브랜드를 "신비스런 인디아(Incredible India)"로 삼고 선전하고 있다.

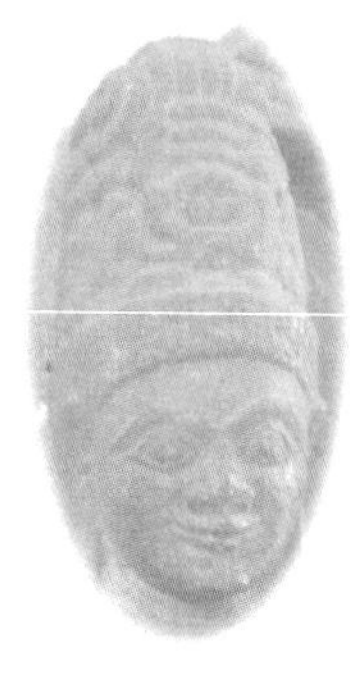

우리와 다른 것들

　인도도 사람 사는 곳이니 우리와 비슷하거나 유사한 것이 대부분이다. 그러나 다른 것도 많다. 다른 것 가운데 우리와 대립적인 문화와 생활양식은 한국인에게는 종종 당황스러움과 당혹감을 가져다준다.

　우리는 전등을 켜거나 전기기구를 사용하려면 스위치를 올리라고 하지만 인도에서는 내려야 한다. 인도는 우측통행을 한다. 좌측통행에 익숙한 한국인으로서는 신호등도 없는 길을 건널 때마다 조심스럽다. 길을 건너기 위해서 습관처럼 좌측을 먼저 보고 건너다보면 막무가내로 달리는 오토바이나 자동차로 놀라는 경우가 다반사다. 인도의 자동차는 우리와는 반대로 운전석이 오른쪽에 있다.

　델리와 같이 겨울이 있는 북인도의 경우에는 우리와는 달리 한여름에는 문을 닫고, 겨울에는 문을 열어 놓고 산다. 40℃가 넘는 여름철에는 문을 꼭 닫아서 외부의 열기가 들어오는 것을 막고 실링팬을 트는 것이 오히려 시원하다. 반대로 겨울철에는 난방시설이 없기 때문에 햇볕을 받기 위해서 문을 열어 놓고 있거나 햇볕이 드는 밖에 앉아 있다. 5월, 6월 40℃를 오르내리는 여름에 방문을 꼭 닫고 실링팬만 틀고 생활하는 것이 한국인에게는 답답한 일이고

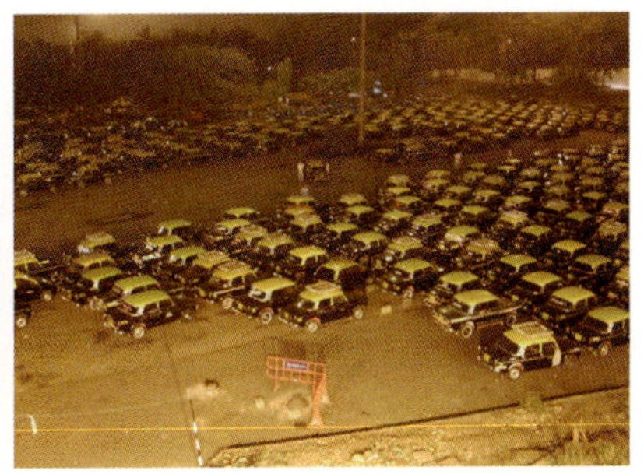

앱버서더 택시

그 답답함이 인도의 여름을 더 덥게 한다.

우리는 상대방의 의견에 동의하거나 긍정을 하면 고개를 끄덕거리지만 인도인들은 티케, 티케 하면서 고개를 좌우로 흔든다. 우리와는 정반대이다. 처음에는 오해하기 쉽다. 내 의견에 동의를 하는 것인지 반대하는 것인지 혼란스럽다.

먹을거리에서도 인도의 밥은 끈기가 없어서 불면 날아다녀야 좋다고 하지만 한국 사람들은 끈기가 있어야 한다. 인도의 밥이 그러하니 밥 힘으로 살아간다는 한국인들에게는 낯선 것이다. 인도인들은 단 것을 좋아하지만 한국 사람들은 단 것을 기피하는 풍조가 많다. 인도인들이 좋아하는 차인 짜이에 설탕이 들어가지 않으면 맛이 없다. 우리가 귀하게 여기는 인삼차도 설탕 없이 주면 별로 좋아하지 않는다.

우리는 준비를 하고 손님을 맞이하지만 인도인들은 손님이 와야 그때서 음식을 준비한다. 인도인들의 식습관을 보면 뷔페식으로 자기 접시가 있다. 우리처럼 한 그릇의 찌개를 가운데 놓고 떠먹거나 김치 하나 놓고 여러 사람이 젓가락으로 집어 먹는 것은 생각을 못한다. 카스트 관습의 영향이라고 할 수 있는 개인주의적 식습관은 공동체적인 우리의 식습관과 다르다.

우리는 외출 뒤 저녁에 샤워를 많이 하게 된다. 그러나 인도사
람들은 주로 아침에 샤워를 한다. 아침에 샤워를 하고 신에게 기
도를 드린다. 그러다 보니 인도학생과 여행을 하고 더블 침대에서
같이 자기라도 하면 발 냄새 때문에 고통이다. 문화의 차이에서
오는 불편함 가운데 하나이다.

인도의 미인은 통통해야 하고 흰 피부를 선호한다. 우리의 연예
인들은 에스 라인을 고집하고 여름에는 썬텐을 한 까무잡잡한 피
부의 건강미를 더 선호한다. 우리의 한의학에서는 두한족열(頭汗足
熱)이라고 해서 "머리는 차게, 발은 따뜻하게"하라는 말이 있다. 그
러나 인도인들은 그 반대인 듯하다. 머리는 터번이나 모자를 써서
보호를 하지만 발은 맨발을 선호한다.

우리는 거스름돈을 줄 때 대부분 한꺼번에 주거나 큰 돈부터 준
다. 그러나 인도인들은 거스름돈을 한꺼번에 주는 경우가 없다. 먼
저 작은 돈을 주고 꾸무럭거리면서 큰 돈을 준다. 가끔 돈을 세어
보지도 않는 습관이 있는 한국 사람들의 경우 거스름돈으로 작은
돈만 받아서 가는 경우도 있다고 한다.

한국의 경우 90년대부터 이공계 기피 현상이 두드러지게 나타나고 있지만 인도의 경우에는 오히려 이공계가 강세이다. 우리와 같이 인도인들이 선호하는 의대 이외에 전국에 10개가 있는 인도 공과대학(IIT), 우리와는 달리 수학을 많이 하여야 하는 MBA 등도 모두 이공계 선호와 연계되어 있다. 이러한 사회적 풍토 때문인지 인도의 전 대통령 압둘 칼람도 과학자다. 이러한 과학자들이 대학의 총장이나 정부의 요직에 많이 진출하고 있다.

우리의 교육은 평준화를 강조하지만 인도의 교육은 철저하게 엘리트 중심의 교육을 지향한다. 이러한 현상은 대학 등의 고등교육 기관에서 더욱 뚜렷하게 나타나고 있다.

직장 생활을 하는 한국 사람들은 많은 경우 공(公)이 먼저이고 사(私)가 뒤이다. 그러나 인도인의 경우 사가 먼저이고 공은 뒤이다. 학생들은 가정사가 있으면 결석을 하고 그것을 정당한 이유로 내세운다. 가정에 대소사가 있으면 20여 일 또는 한 달을 직장에 나오지 않는다. 그래도 그것이 모두 용인되고 있다.

한국에서 침묵은 금이지만 인도에서 침묵은 동도 되지 않는다. 학교에서 침묵하는 학생보다는 나서고 잘난 체를 하여야 한다. 한국에서 겸손은 미덕이지만 인도에서 겸손은 바보의 상징이다. 그러나 사람이 사는 곳이니 겸손이 미덕인 경우도 있다.

인도에는 우리와 정반대의 문화와 생활양식이 있지만 그것은 틀린 것이 아닌 다른 생활이며, 인도의 문화와 지리적 환경의 산물이다. 인도의 남자들이 종종 앉아서 소변을 보는 것을 이상하게 여길 일이 아니다.

인도에서 생활하였거나 여행한 사람들의 대부분은 인도와 한국이 다른 것에 대하여 많은 이야기를 한다. 그러나 그 내면을 보면 다른 것보다는 같거나 비슷한 것이 더 많다. 그것은 인도도 사람 사는 곳이기 때문이다.

신분제도

인도에 대하여 조금이라도 관심을 가진 사람들은 카스트(caste) 제도에 관심을 가진다. 그러나 인도인들에게 당신은 어떤 카스트에 속하느냐고 물어보는 것은 매우 큰 실례가 된다. 이는 사회적으로 금기시 되고 있는 관행으로 나도 학생늘에게 한 번도 카스트와 관련된 질문을 해보지 못했다.

숙명적·세습적으로 고정된 계급제도인 신분제도는 동서양을 막론하고 근세까지 인류의 삶을 지배한 중요한 사회구조이다. 우리의 고대사회에서부터 존재한 대표적인 신분제도로는 신라시대의 골품제, 고려시대 이후의 양천제(良賤制), 조선시대의 반상제(班常制) 등이 있다. 한국의 신분제도와 인도의 카스트 제도의 가장 큰 차이

는 우리의 신분제도는 결혼 등에 있어서 1960년대까지는 존재하였
으나 지금은 거의 존재하지 않고 있는 데 비하여 인도의 카스트
제도는 아직도 인도인의 삶에서 중요한 기능을 한다는 데 있다.
즉 인도의 카스트 제도는 세계에서 거의 유일하게 남아서 인도인
들의 삶을 지배하는 신분제도이다.

푸쉬가르의 힌두사원 참배객들

인도의 카스트 제도는 힌두교라는 종교적 전통을 바탕으로 크게
브라만(Brahmins), 크샤트리아(Kshatriyas), 바이샤(Vaishyas), 수드라
(Shudras)로 나눈다. 그러나 우리의 경우에는 이러한 종교적 특성을
적게 가진다. 조선시대의 양천제는 법적으로는 양민과 천민으로 구
분하면서 양민에 양반, 중인, 평인을 포함시키고 있다. 이들 양민은
모두 과거시험을 볼 수 있었다. 반면에 천민은 천역에 종사하던 가
장 낮은 계급의 백성으로 양분을 하였다. 그러나 실질적으로는 반
상제, 즉 양반과 상민으로 나뉘었고, 상민에 평민과 천민이 포함되

었으며, 양반과 상민의 중간 계급으로 중인이 있었다. 이 평민도 농민과 상인, 공인으로 나뉘고, 중인은 보다 전문화된 직업으로 구분되고 있다. 이러한 계급이 직업과 연계된다는 면에서 카스트의 세분화된 직업구조를 형성하는 자띠(Jati)와 유사한 특성을 가진다.

신분제도가 직업 이외에 관혼상제에 중요한 사회적 규범을 만들었다는 것도 두 나라에 공통점으로 지적할 수 있다. 신분제는 주홍글씨의 표시처럼 사람의 이름으로 표현되고 있는데 우리의 경우에는 본관(本貫)에 의하여, 인도의 경우에도 이름과 아버지의 성 및 이름과 연계하여 표시되고 있다. 인도에서 성씨와 카스트가 맞을 가능성이 99%다. 무카지, 채털지, 배나지, 차크라바르티 등은 벵골리 브라만이다. 샬마, 아로라, 샤시 등도 브라만이다. 우리의 경우 본관을 중심으로 한 호적부 제도가 없어지고 가족관계부가 만들어지면서 제도적으로 신분제적인 요소가 거의 사라지고 있다.

인도의 경우 최근에는 조금씩 변화되고 있지만 그 이름만 보아도 신분을 알 수 있다. 자동차 면허증이나 모든 관청의 서류에 보면 아버지의 이름을 적는 난이 있을 정도로 신분제적인 성격이 여러 곳에서 잔존하고 있다.

인도는 헌법적으로 카스트에 의한 차별을 금지하고 카스트에 의한 사회적인 약자 및 소외집단을 보호하기 위하여 정책적으로 하위계층을 다음과 같이 구분하고 있다. 이러한 구분은 1935년 영국에서 실시한 인구조사를 기반으로 한 것이다.

*지정 카스트 (SCs: Scheduled Castes)는 달리트(Dalit)라고 불리는 힌두위계 질서에서 최하층계급을 말한다. 간디는 이 불가촉천민들에게 힌두교 삼대 신 중 하나인 비쉬누(Vishnu)의 자녀란 뜻의 하리잔(Harijan)이라는 호칭을 사용했다. 그러나 하리잔은 현재적 차

별을 극복하고자 하는 것으로 힌두교에서 이야기하는 내세의 불평등을 인정하는 것이어서 불가촉천민들은 이 호칭을 거부하고 '핍박받는 자'란 뜻의 달리트란 용어를 사용하고 있다.

*지정 부족 (STs: Scheduled Tribes)은 산림이나 구릉지대에 거주하며 문명사회로부터 지리적으로 단절되어 있으나, 사회적으로 후진계급으로 인정받지는 않는 집단이다. 이들은 잠무와 카시미르, 히말찬 프라데쉬 주 등에 주로 거주한다.

*기타 후진계급 (OBCs: Other Backward Classes)은 힌두위계 질서의 중간단계에 포함되며, 사회적으로 배척을 당하거나 고립되어 있지는 않지만, 교육과 경제측면에서 후진적인 계층을 뜻한다. 서부 UP, 구자라트, 하리아나, 라자스탄 주에서 정착생활을 하며 농경에 관련된 일을 주로 한다.

남녀차별 및 남아선호

인도는 북동부의 소수 부족사회를 제외하고는 강한 가부장제적인 성격을 가지고 있고, 이는 남녀차별제도로 이어진다. 이러한 전통은 우리사회에서도 많이 없어지고 있지만, 정치, 사회 등의 모든 분야에서 아직도 존재하고 있다. 전통적인 남녀차별은 강한 남아선호 사상을 가져 왔는데 이러한 전통은 한국과 인도에서 똑같이 볼 수 있다.

한국의 경우 1980년대 남녀성비가 100 : 105에서 1990년대 100 : 117까지 증가하다가, 2005년 100 : 107까지 급격하게 줄어들어서 전 세계의 평균에 근접하고 있다. 한편 2005년 기준으로 중국은 100 : 120의 심한 편차를 보이고 있다.

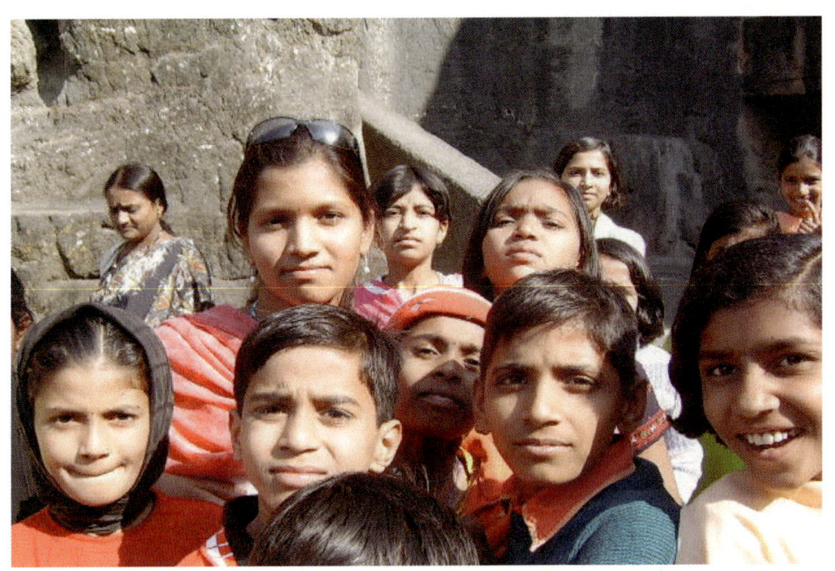

아잔타에서 만난 초등학생들

　한국에서 이러한 남아 선호 사상이 가장 심한 대구 지역의 경우 그 비율이 100 : 127까지 높아진 적이 있다. 이러한 남녀차별로 1980년 여성의 약 10%가 대학을 진학하였지만 2006년에는 10명 중 6명이 대학을 진학할 정도로 개선되었다. 그러나 여성 국회의원 비율이 2006년 13.4%로 전 세계에서 79위에 불과하듯 사회의 모든 분야에 차별은 아직도 존재하고 있다.

　인도의 경우 여성에 대한 차별은 종교와 연계되어 아직도 사회의 모든 분야에서 존재한다. 여성 대통령이 나온 인도이지만 여성들은 종아리를 내 놓는 미니스커트나 치마를 입을 수 없고, 북부의 농촌에서는 아직도 사리로 얼굴을 가리고 산다. 밤에 다니는 여자는 항상 성범죄의 대상이 되고, 여성의 문맹률은 남성의 31.6%의 배에 가까운 54.6%에 달하고 있다. 무엇보다 여성의 경제활동은 남성의 80% 수준에 비하여 34%에 달하여 항상 남성에 종속되는 삶의 굴레를 벗어나지 못하고 있다.

인도의 경우도 2001년 인구조사에서 남녀비율이 100 : 108을 기록할 정도로 남아선호가 높은 것으로 나타나고 있지만 전체적인 비율이란 면에서 우리와 큰 차이는 없다. 그러나 북부지역의 경우 남녀성비의 불균형이 더욱 확대되고 있다. 이러한 변화는 최근에 초음파 등의 의학기술에 의하여 더욱 커지고 있는 것으로 보도되고 있다. 그러나 낙태율이 전 세계 최고 수준에 이르는 우리가 인도의 낙태가 일 년에 500만 건이 된다고 비난할 일은 아니다.

한국의 남아선호는 씨족의 유지라는 유교적인 전통과 밀접하게 관련되어 있지만, 인도는 과도한 결혼지참금인 다우리(dowry)와 밀접한 관련이 있는 것으로 이야기한다. 인도의 다우리는 결혼에 따르는 지참금으로 딸을 둔 가정에 있어서 커다란 경제적 부담이 되기 때문이다.

교육열

모든 발전도상국에서 개천에서 용이 나오는 가장 좋은 방법은 좋은 직장을 잡는 것이다. 좋은 직장을 잡기 위한 첫 번째 조건이 좋은 대학을 들어가는 것으로 한국이나 인도나 같다.

우리의 경우 자녀를 좋은 대학에 보내기 위한 노력이 상상을 초월하듯이 인도의 경우에도 비슷하다. 유명한 인도공과대학(IIT)에 들어가기 위해서 매년 30만 명 정도가 시험을 본다. 인도에서도 좋은 학과 좋은 대학에 들어가는 것만으로도 절반의 성공이라고 할 정도로 미래가 보장되고 있다. 미국에 유학을 보내는 것을 보면 한국과 인도가 앞뒤를 다투고 있다. 인도의 경우에도 매년 8만여 명이 미국 대학에 유학을 간다.

중등학년의 등교

함피의 초등학교 수업　　　　　　　　　　　　　ⓒ 정재현

　　우리와 같이 인도에서도 의대와 경영대의 인기가 높다. 그러나 우리와는 달리 공대에 대한 선호도가 매우 높다. 인도에서도 영어에 대한 관심이 매우 높아서 작은 도시까지도 사설 영어학원이 있는 것을 볼 수 있다. 인도의 사교육은 사설학원 이외에 가정교사에 의존하는 경우도 많다. 내가 있던 델리 대학의 석사과정인 엠필(Mpil) 과정의 많은 학생들은 이러한 가정교사를 해서 자기의 교육비와 생활비를 충당하는 경우가 많이 있다. 이들은 한 시간에 최소 200루피(1루피는 우리 돈 25원 정도 됨) 이상을 받고 있다.

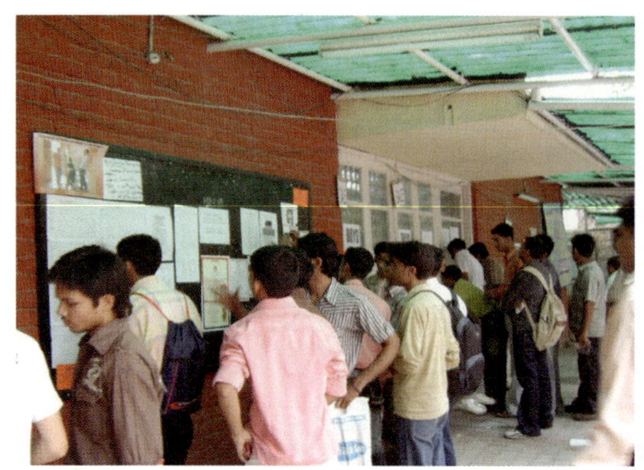

델리대학교 입학원서 접수

공립학교에서는 보기 드물지만 사립학교의 경우 입시준비를 위한 보충수업이 일상화되고 있고, 유명대학에의 진학률이 사립학교의 명성을 결정하는 데 가장 중요한 요소가 되고 있다. 지방여행 도중에 우리의 수능과 같은 시험을 보는 학교에서 학부모들이 교문 밖에 몰려 있는 것을 본 적이 있다. 우리와 같은 열의와 분위기를 볼 수 있었다.

인도 대도시의 소비구조를 보면 식비 다음으로 교육에 대한 투자가 약 10%에 달하고, 첸나이 같은 경우는 약 20%를 교육비로 지출할 정도로 교육에 대한 투자가 늘어나고 있다. 그러나 대학 진학률이 10%도 되지 않는 상황에서 교육에 대한 열기는 아직은 상류층에 국한되어 있다.

한국어와 힌디어는 여러 면에서 공통점이 많다고 한다. 힌디어와 한국어에 공통점이 많기 때문인지 인도 학생들은 한국어를 비교적 쉽게 배운다. 2~3년 하루 1~2시간 정도 열심히 한 학생들은 한국어를 매우 유창하게 구사한다. 우리나라 학생들의 외국어 습득능력과는 다르다.

영어와 힌디어

언어

인도 학생들이 한국어를 비교적 쉽게 배울 수 있는 것은 인도학
생들이 다언어 체계에 익숙한 것도 있지만 한국어와 힌디어가 유
사한 특성을 가지고 있다는 것에서도 그 이유를 찾을 수 있다. 한
국어와 힌디어는 둘 다 상황어에 속한다. 즉 말을 하지 않더라도
상황에 따라서 주어와 목적어를 파악하는 언어이다.

또한 힌디어의 발음 구조로 경음화 현상은 우리와 유사한 특성
을 가진다. 즉 연음인 ㅂ·ㄷ·ㄱ·ㅈ·ㅅ이 된소리인 ㅃ·ㄲ·
ㅉ·ㅆ으로 발음되는 것을 인도학생들은 매우 자연스럽게 한다.
일본이나 영어권의 학생들이 한국어를 발음하는 것보다 인도학생
들이 한국어를 더 유창하게 발음한다.

지역주의

2003년 뭄바이에서 철도청 시험을 보기 위해서 타지에서 오던
응시생들을 마하라슈트라의 극우 힌두 지역수의자인 시브 세나

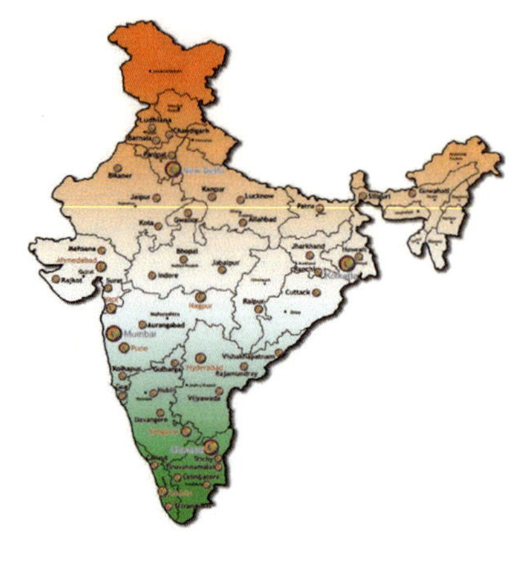

(Shiv Sena) 청년 당원들이 열차에서 끌어내어 무차별 폭행을 하여 시험이 취소된 적이 있다.

그 이유는 북인도의 우타르 프라데시주와 비하르 주 출신들이 자신의 고장에 와서 시험을 보고 자신들의 일자리를 빼앗아 간다는 것이다. 이들은 마하슈트라 부활당인 MNS(Maharashtra Navnirman Sena)과 연계하여 정치화되고 있다. 이러한 지역주의는 인도사회의 모든 면에서 팽배하고 있다.

우리사회에 뿌리 깊은 문제로 혈연·학연·지연을 들고 있다. 특히 영호남의 갈등은 정치체제에 있어서 단절되지 않고 있는 병폐로 지적되고 있다. 인도의 경우 학연은 우리보다는 크지 않은 듯하다. 우리의 SKY와 같이 소수의 특정 대학이 정치·경제·사회의 지배적인 권력을 장악하는 모습은 상대적으로 적다. 인도 사회에서 혈연은 소위 카스트와 자티에 의하여 지배되고 있다는 면에서 우리보다 더 강하다고 할 수 있다. 자티를 중심으로 한 공동체 의식은 사회의 거의 모든 부문을 지배하는 중요한 사회적 규범이 되고 있다.

지연이란 면에서 보면 인도는 우리보다 더 강한 모습을 보여준다. 예로 신디(Sindhis), 말라위(Marwaris), 구즈라티(Gujratis)는 인도의 대부분의 상권을 장악하고 있다. 인도는 1956년 언어를 중심으로 14개 주 6개 연방직할로 분류되었던 것이 2000년 3개 주가 늘어나는 등 28개 주 7개 연방직할로 분할되었다. 이는 인도 지역주의의 한 단면이라고 할 수 있다. 최근에는 부족 및 하위 카스트 계층의 정치의식 강화와 지역정당의 발전에 의하여 이러한 현상이 더 확대되고 있다. 인도에서는 국민회의당(Congress)이나 야당인 BJP와 같은 전국 정당이 점차로 쇠퇴하고 지역정당이 지역주의를 바탕으로 확대되고 있다는 것도 인도 지역주의의 미래를 보여주는 현상이기도 하다.

인도의 지역주의는 다양한 언어 공동체와 이를 바탕으로 형성된 562개의 군주국(Princely States)의 존재, 식민지의 분리통치, 이슬람과의 종교적 갈등에 의하여 형성되어 왔다. 특히 북동부의 부족 및 마오이스트의 분리 및 자율성 확보를 위한 투쟁은 지역주의와 연계되어 커다란 정치 사회적 문제가 되고 있다. 이들 지역주의는 지배정치와 문화체계에서 무시당한 소외집단에서 그들의 정체성을 확립하기 위한 수단으로 확대되고 있는 것이다. 국가적 차원에서 인도의 지역주의는 연방으로부터의 독립에 의한 독립국가 형성, 연방 직할로부터의 독립, 주의 분리 등의 형태로 나타나고 있다.

역사

인도는 우리와 같이 제국주의 시대에 식민지 지배를 받았다. 우리는 일제의 식민지 지배를 36년 동안 받았지만 인도는 1600년 동인도 회사가 진출한 뒤 200여 년간 영국의 지배를 받았다. 한국과 같이 인도가 식민지로부터 독립한 날도 8월 15일이다. 그러나 인도인이 식민지배자였던 영국을 보는 시각은 우리가 일제를 보는 것과는 다르다. 이는 식민지 지배 형태의 차이에서 연유한다고 할 수 있다. 일본의 한국에 대한 식민지 지배는 강제적인 수탈과 약탈 및 한민족 말살 정책의 형태를 가진 반면에 영국의 인도에 대한 지배는 영국의 지배세력과 일반인 사이에 인도의 지배세력이 매개자 역할을 하였기 때문에 일반인들의 제국주의에 대한 반감은 상대적으로 적었다고 볼 수 있다. 이외에 지배의 기간이 일제식민통치보다 길었다는 것도 인도인의 식민지 지배에 대한 동화를 확대한 면도 있다. 이러한 결과로 한국인이 일본에 대하여 가지는 반감을 인도인들에게서는 적게 보인다.

인도와 파키스탄 및 방글라데시의 관계는 남북한과 같은 갈등관계를 형성하고 있다. 인도와 파키스탄은 2차 대전 이후 종교적 이유로 분단되었고, 남북한은 이데올로기적 이유로 분단되었다. 우리의 경우 1970년대까지 반공을 국시로 하여 강한 남북한 대립관계를 형성하여 북한의 지속적인 간첩 침투 및 도발로 항상 긴장감을 형성하였듯이 인도와 파키스탄 간에는 지금까지도 테러와 전쟁으로 강한 적대감이 존재하고 있다.

인도의 역사를 보면 고대 아리안 족의 침공에서부터 19세기 무굴제국에 이르기까지 항상 외침만을 당해왔다. 현대사에서도 1962년의 인도-중국의 국경분쟁, 1999년의 인도-파키스탄의 국경분쟁에 이르기까지 인도는 먼저 침공하기보다는 방어적인 자세를 취하였다. 이는 우리의 역사에서도 외부에 대한 침공이 없었다는 것과 같은 역사적 맥락을 공유하고 있는 것이다.

한편 인도의 경우 개혁 개방 정책과 신자유주의에 의한 다국적 기업의 진출에 대하여 강한 반감을 가지는 사람들이 다수 있다는 것도 우리사회의 반미감정과 유사한 특성을 가진다. 남인도에서 8시간 동안 수로 여행을 하는 도중에 작은 배의 선장은 파키스탄보다

코친의 바스코 다가마 하우스

미국이 더 나쁘다는 것을 침이 마르도록 주장하기도 하였다.

이와 같이 사회문화적으로 동일체감을 형성할 수 있는 특성들은 인도와 한국의 교류 및 연계에 있어서 귀중한 자산으로 활용할 수 있을 것이다.

식민지의 유산들

인도는 1400년대 말부터 세계열강의 각축장이 되었고, 1750년대부터 약 200여 년 동안 영국의 식민지 지배를 받았다. 인도는 그 식민지 지배의 역사적 산물들을 지금까지 그대로 보존하고 활용하고 있다. 수도 델리에 있는 인도 대통령궁부터 주요 행정부처의 건물들은 1900년대 초 영국 식민지배 시대에 지은 것들이다. 델리대학교의 총장 집무실도 영국 총독의 집무실이었다. 이들 건물들은 지배의 상징으로 주변의 다른 건물보다 터를 높이고 건물을 지었다.

꼴까다, 뭄바이, 폰디첼리, 고아 등의 주요 식민시대 외국인 거주지들이 지금까지 관공서나 개인들의 거주지로 사용되고 있다. 우리처럼 일제 강점기의 건물이라고 중앙청을 허물어 버리고 돔만 보관하지 않는다.

델리 북쪽에 있는 한 공원에는 델리에 있었던 영국 식민지 시대 지배자들의 동상을 파괴하거나 없애지 않고 한 곳에 모아두고 있다. 지역마다 있는 왕궁에는 식민지 지배 시절 영국 지배세력과 함께한 사진이나 유물들이 전시되고 있다. 우리의 시각에서 보면 친일파와 같이 친영파로 식민지배에 동조한 역사를 그 후손들이 전시하고 있는 것이다.

    이러한 모습들을 북인도 죠드뿌르의 바반 펠리스, 사막의 도시 자이살메르 성부터 남인도 트리밴드럼의 뿌딴 말리카 궁전, 중인도의 마이소르 궁전 등 어느 곳에서나 볼 수가 있다. 인도인들이 신처럼 숭배하는 20세기 인도 독립 운동가이자 위대한 정신적 지도자인 스리 오로빈도 아슈람은 폰디첼리에 있는 프랑스 지배세력들의 거주지 한 가운데 있다.

꼴까다의 빅토리아 메모리엄

    인도인들은 그러한 식민시대의 유물을 식민지배의 산물이라기보다는 역사의 산물로 이해하는 듯하다. 때로는 그러한 유물과 산물을 자랑하기도 한다. 죠드뿌르의 주립 대학을 방문했을 때 식민지 시대에 지은 대학 본부 건물이 여름에 에어컨이 없이도 시원하다고 한참을 자랑하는 이야기를 들었다.

    그러나 우리와 다른 것은 식민시대의 역사와 함께 인노의 독립을 위해서 싸운 자유 투사(freedom fighter)들의 역사가 항상 함께 있다는 것이다. 꼴까다의 빅토리아 메모리엄의 경우 1층에는 식민지 지배의 역사가 있지만 2층에는 독립운동가의 발자취가 전시되어 있다. 델리대학의 총장 집무실 앞에는 인도 독립의 상징인 네루의 흉상이 있다. 뭄바이의 봄베이 대학도 그러하고, 각 지역에 남아 있는 궁전에서도 식민지의 유산과 함께 독립을 위해서 싸운 지역 자유 투사들의 발자취를 함께 볼 수 있다.

인도는 힌두교가 지배적이지만 무슬림 정권의 유물들이 파괴되지 않고 잘 보존되고 있다. 정권이 바뀌고 지배적인 종교가 바뀌어도 과거의 유산을 인위적이고 대대적으로 파괴하지는 않았다. 세계 문화유산에 등재된 대부분의 인도유적들은 힌두교와는 다른 종교적 산물들이다. 아그라의 타지마할, 빠테푸르 시크리의 왕궁, 델리의 꾸틉 미나르, 후마윤 무덤은 무슬림 지배인 무굴시대의 유산이다. 아잔타와 엘로라에 있는 석굴의 대부분과, 산치, 보드가야의 유적지들은 기원전 불교의 산물들이다. 이들이 지금까지 남아서 중요한 관광자원이 되고 세계문화유산이 되어 관광 인도의 기초를 형성하고 있다.

인도는 식민시대의 역사를 우리처럼 독립 기념관에만 모셔두고 있지 않다. 언제 어느 곳에서나 역사를 볼 수 있고 접할 수 있도록 하고 있다. 그것이 식민지의 역사건 다른 지배세력의 산물이건 파괴하거나 없애지 않고 그것과 함께하고 있다. 그러면서 배우는 것이다. 우리처럼 치욕의 역사라고 드러내기 꺼려하지 않는다. 우리는 박물관에 가서도 식민지 시대의 역사를 볼 수가 없다. 6·25의 역사는 전쟁 기념관에만 있고, 미군정의 역사는 교과서에만 남아있을 뿐이다.

　인도에서 역사를 보존하는 하나의 방법으로 독립투사나 국가 사회를 위하여 자기를 희생한 사람들의 이름을 건물, 도로, 공원, 지명에 자주 사용하고 있다. 또한 역사적 인물들에 대한 크고 작은 기념관은 대도시 어느 곳에서나 볼 수 있다. 그곳에 전시된 것들이 낡은 사진 몇 장이라고 하더라도 그곳에는 역사가 살아있다. 인도는 우리처럼 대통령 기념관 하나 건립하는 것이 어려운 나라가 아닌 것 같다.

　역사는 매우 귀중한 지적 자산이다. 그 역사를 역사 청산의 이름으로 파괴하여서는 아니 된다. 역사는 보존되어야 한다. 그것이 굴욕의 역사건 치욕의 역사건 매국자건 애국자건 사실의 역사는 보존되어야 한다. 역사 청산이나 이념이란 명분으로 우리는 역사로부터 배우지 못하는 나라가 되고 있다.

라낙뿌르의 자인교 사원

두 부류의 한국 사람들

인도를 여행하고 한국으로 가는 사람들은 크게 두 개의 극단적인 부류로 나누어지는 듯하다. 한 부류는 인도인에 지친 사람들이고, 다른 한 부류는 부처를 본 사람들이다.

첫 번째 부류의 사람들은 "인도는 사람 살 곳이 못 된다."고 단정적으로 말한다. 한여름에 인도에 온 사람들은 델리 인디라 공항에 내리자마자 숨을 멈추게 하는 40℃가 넘는 열기와 사람들과 부딪치면서 받게 되는 열나는 일들에 지친다.

많은 인도 여행 가이드를 보면 주의하고 조심하여야 할 것들로 가득하다. 이러한 선입관을 가지고 델리 공항에 내리면 모든 인도 사람들이 도둑처럼 보이고 사기꾼처럼 보일 수밖에 없다. 그도 그럴 것이 얼굴은 검고, 친절이라고는 찾아볼 수 없는 외모를 가지고 있으니 선입감이 좋지 않을 수밖에 없다.

인도에서는 모든 것을 흥정하여야 한다. 인도영어에 익숙하지 않고 힌디어를 모르고, 흥정에 익숙하지 않은 한국 사람들에게 인도인과 흥정하는 것은 즐거울 일이 아니다. 더욱이 여행지의 인도인들은 한국인들을 돈 많은 사람으로 생각하며, 봉 잡은 것으로 생각하니 정당한 가격 이상으로 부르는 것은 당연하다.

　가격이 정해진 프리페이드(pre - paid) 택시를 타도 목적지 가면 팁을 달라고 하고, 허름한 호텔이나 먹을 만한 음식점에서 계산을 하고자 하면 메뉴판의 가격과는 달리 부가가치세가 첨부되어서 나오고, 꼴까다의 택시는 미터 요금대로 받는 것이 아니고 요금에 항상 일정한 값의 곱하기를 하니 사기당한 느낌을 가지지 않을 수 없다. 게스트 하우스에서 콜택시를 몇 시까지 대달라고 약속하면 약속시간 10여 분 전에 결정한 금액보다 100루피를 더 달라고 전화를 하니 난감하지만 약속시간 때문에 받아들이지 않을 수 없다.

　장거리 버스를 예매하였지만 사람이 적다고 출발시각이 되어서 운행을 하지 않는다고 하니 여행일정에 차질이 생기고, 들쭉날쭉한 기차 시간과 비행기 시간으로 계획된 관광일정을 변경하여야 하니 짜증날 수밖에 없다. 역에만 내리면 사이클과 오토 릭샤 왈라들이 모여들어 원숭이 구경하듯 하니 불안하고, 바라나시 화장터에서 사진 찍는 것이 금지되었다면서 사기꾼들이 100루피를 빼앗아 가고 나면 인도에 대한 인상은 구길대로 구겨지게 마련이다.

델리 도둑시장

　인도인들은 10루피면 들어갈 수 있는 타지마할을 750루피, 카주라호 등의 세계문화유산은 250루피를 내고 입장료를 끊어야 하고, 거기에 사진 찍는 값이라고 50루피 100루피씩 더 내야 한다면 열 받지 않을 수 없다.

　소도시나 관광지마다 소에 채이고 소똥을 밟는 것도 즐거운 일이 아니고, 목줄도 없이 거리를 활보하는 개는 언제 어떻게 대들지 두려움으로 대하여야 한다. 거리가 화장실이고, 화장실의 암모니아 냄새를 같이하여야 하는 것도 깨끗한 것을 바라는 한국인에게 고역이 될 수 있다. 새로 지은 건물도 100년 전 건물과 같은 회색의 도시는 마음까지 우울하게 한다.

　가난, 비위생, 소음, 사기꾼, 불친절, 정해진 시간이 없는 생활, 거짓말로 가득한 인도에 대하여 풍요와 넉넉함에 익숙한 사람들이 인도는 사람이 살 곳이 아니라고 생각하는 것은 당연한 것이다.

　또 다른 부류의 사람들은 인도를 부처님의 나라로 생각한다. 인도는 다양하면서 모든 것을 포용하는 나라이다. 인도 사람들은 모든 종교를 포용한다. 대다수가 힌두교를 믿지만 이들은 부처님이나 하나님을 자신들의 신처럼 생각한다. 다른 모든 신에 대하여 거부감을 가지지 않는다.

　인도를 많이 여행한 사람들은 인도의 광활함이 인도인들의 마음속에도 있다는 것을 느낀다고 한다. 디지털 문화에 젖은 사람들에게 아날로그 삶을 사는 인도는 편안함과 여유로움 그 자체라 할 수 있다. 무엇보다 가난한 시절을 보낸 중장년에게 인도는 60~70년대의 모든 향수를 느끼고 체험을 할 수 있는 곳이다. 이들에게 인도는 고향의 정취를 느낄 수 있게 해준다. 세컨드 클래스의 기차 칸이나 시골 길을 다니는 버스 속의 풍경은 우리의 과거이며,

외국인을 호기심으로 보는 인도인에게서 어린 시절 자신의 자화상을 보게 된다.

인도를 사랑하는 사람들은 인도도 사람 사는 곳이라고 생각한다. 인도의 삶이 우리와 다른 것 같아 보이지만 그 내면을 보고, 마음을 열고 보면 우리와 다른 것보다는 같은 것이 많은 것을 볼 수 있다. 우리가 외국인에게 친절하듯이 여행지 이외에서 만나고, 생활에서 접하는 많은 인도 사람들에게서 인간의 정과 친절을 경험하는 것은 어려운 일이 아니다. 우리의 바캉스 계절에 경험하는 해수욕장의 바가지를 인도 여행지의 바가지로 생각하면 우리와 다르지 않다는 생각을 가지게 한다.

문명은 사람들을 편하게 만들고 획일화시키고 있지만 그 문명으로부터 아직은 거리가 있는 인도인의 삶과 인도의 자연은 문명 속에서 살아가고 있는 사람들에게 원초적인 감정과 본능을 볼 수 있게 한다. 인도를 사랑하고 다시 가기를 원하는 사람들은 인도에 와서 인도를 보기보다 자신을 보았다고 한다.

문명사회에서 생로병사는 병원이나 장례식장과 같은 벽 안 쪽에서 이루어지지만 인도에서는 이 모든 생로병사가 열린 공간에서 일어나고 있다. 바라나시의 화장터에서 삶이 한 줌 재로 변화되고, 그 옆에서 물고기 낚시를 하고, 기도를 하고, 목욕을 하면서 삶을 영위하는 것을 볼 때 삶과 죽음이 하나라는 것을 생각하게 한다. 팔 다리가 잘린 몸으로 한 푼을 벌기 위해서 거리를 헤매는 사람이나 갓난아이를 허리에 짊어지고 동냥을 하는 여인들에게서 볼 수 있는 끈질긴 삶의 진한 모습을 인도 어느 곳에서나 볼 수 있다.

바라나시 화장터

　　인도 여행기를 보면 인도에 가서 자신을 버리게 되었다는 글귀를 자주 접하게 된다. 그리고 자신이 집착하는 물질에 대한 욕망이 부질없다고 한다. 그러나 인도인들은 우리가 생각하듯이 욕망을 포기하기보다는 그 욕망을 추구하면서 해탈을 찾는 듯하다. 힌두교에서는 삶의 목적 가운데 하나로 아르타라는 부를 제시하고 있다. 많은 종교에서 추구하는 구원과 똑같이 이들은 부를 추구한다. 그러나 이들에 있어서 부는 욕망이기보다는 삶의 수단이란 면을 보게 되면 강한 연민을 가질 수 있는 부분이기도 하다.

　　눈을 열고, 마음을 열고 인도를 본 사람들은 인도도 사람 사는 나라이고 우리가 함께하여야 할 나라라는 생각을 가지게 된다. 인도를 보는 안경이 어떠한 안경인가에 따라서 인도는 우리에게 다르게 보인다.

인도 상식 이야기

우스갯소리로 인도에는 인디언이 없고, 인도어가 없고, 사막이 없고, 카레가 없다고 한다. 인도에 관한 책 제목 가운데 "인도에는 카레가 없다"라는 책이 제법 많이 읽히고 있다. 그러나 인도에는 카레가 너무 많다. 인도인들의 경우 우리가 카레라 부르는 커리(Curry)를 매우 일반적으로 먹고 있다. 북인도의 대표적인 음식인 탈리에서부터 남인도의 이들리나 도사와 같은 음식에 이르기까지 빠지지 않고 커리를 먹게 된다. 요리 방법으로 장작불 화덕에 굽는 탄두리와 함께 닭고기, 양고기, 생선 요리 가운데 가장 대표적인 것이 커리다.

델리대학교에서 같이 있었던 강원대학교의 한 교수님이 한국의 중고등학생들이 인도를 어느 정도 알고 있는가 하는 설문 조사 결과를 이곳 세미나에서 발표한 적이 있었다. 그 가운데에서 몇 가지를 이야기하고자 한다.

인도에 대하여 이야기하거나, 학생들이 배낭여행을 오면 항상 호기심을 가지고 카스트 제도에 대하여 이야기한다. 약 40%의 한국 학생들은 카스트가 인도에서 법적인 제도로 응답하였다고 한다. 그러나 인도에서 카스트제도는 독립 이후 제정된 헌법에서 금지하고 있다. 카스트 제도는 약 81.5% 정도 되는 힌두교도들의 종교와 관습으로 존재하고 있다.

또한 한국 사람들은 인도의 모든 사람들은 이러한 4성제에 포함하는 것으로 생각한다. 그러나 힌두교도 중에서 이러한 카스트에 속하지 않는 제5계급으로 불리는 불가촉천민(Untouchable)인 달리트가 1억 6천만 명으로 약 16% 정도 된다. 이외에 힌두교 이외의 종교를 믿는 사람이 약 19%가 된다. 즉 인도 인구의 약 35%가 4개의 카스트로 분류되지 않는 사람들이다.

언어와 관련하여 한국 학생들은 인도는 힌디와 영어를 주로 사용하는 것으로 알고 있고, 약 50% 정도의 학생들이 영어가 인도의 공식적인 언어로 알고 있다. 그러나 힌디어가 전국 공용어이기는 하지만 제도적으로 인도에는 18개 공용어가 사용된다. 영어는 공용어는 아니지만 공공기관이나 학교에서 널리 쓰이고 있다. 그러나 그 사용 인구는 15% 정도에 불과한 실정이다.

보드가야 마하보디 사원

힌디어도 전국 공용어라고는 하지만 사용 인구는 40%가 되지 않는다. 북동쪽 나갈랜드 주와 같은 경우에는 힌디어로 된 영화 상연을 금지하고 있다. 전체 인구의 7% 이상이 사용하는 타밀어, 벵갈어, 텔루구어, 마라티어 등을 사용하는 지역에서는 힌디가 거의 통용되지 못한다. 한국의 몇몇 대학교에 인도어과가 있지만 그 많은 언어 가운데 힌디어만을 가르치고 있다. 엄밀하게 말하면 이들은 인도어과가 아닌 힌디어 과들이다.

종교와 관련하여 불교가 인도에서 발생하였기 때문에 한국 학생들의 1/4이 불교가 인도의 대표적인 종교로 생각하고 있지만 실제 불교 인구는 0.7%에 불과하다. 다신교를 믿는 힌두교에서 석가모니는 자신들이 믿는 비쉬누의 9번째 화신으로 생각하여 불교 사원에 들어가면 힌두교 의식으로 기도를 한다.

우리나라의 학생들의 35% 정도가 인도를 군주국가로 생각하고 있다. 그러나 현대 인도는 스스로 세계 최대의 민주주의 국가라고 자부하고 있다. 인도는 28개 주와 7개의 연방 직할시에 의해서 운영되는 세속적인 연방국가다.

사르와즈 카미즈를 입은 여학생　　　　　　　ⓒ 정재현

의복과 관련하여 거의 70%의 학생이 인도 남자들은 터번을 쓰는 것으로 알고 있다. 지방의 중소도시나 농촌의 경우 노인층을 중심으로 지역에 맞는 전통 의상을 입고 있고, 인도 북부지역이나 사막 지역 등에서 터번을 쓰고, 중부 인도에서는 네루 수상이 쓴 캡을 많이 쓴다. 한편 종교적으로 이슬람교도들은 어린아이부터 어른에 이르기까지 전통 복장을 많이 착용하고 있다.

여성들의 경우에는 현대화된 고아나 뭄바이 등에서 가뭄에 콩 나듯 무릎 정도까지 올라가는 치마를 입은 여성들을 볼 수 있지만 결혼한 여성들은 전통적인 의상인 사리(saree)나 사르와르 카미즈(Salwar Kameez)를 벗지 못하고 있다. 그러나 대도시 여학생이나 젊은 여성들을 중심으로 바지와 티셔츠 등을 착용하는 것이 확대되고 있다. 사리도 북부의 농촌지방의 경우 얼굴 전체를 가리고 있지만 남인도 쪽은 기후적 영향으로 머리까지 쓰는 경우는 거의 없다.

인도 남성의 경우 전통 의상으로 사리와 같이 바느질을 하지 않은 도티(Dhoti), 쿠르타(Kurta)와 같은 전통 의상 대신 서구식의 바지와 와이셔츠를 대부분 입고 있셔츠를 대에 가면 모든 사람들이 한복을 입는다는 것과 같은 생각은 인도의 남자들에게는 통하지 않지만 인도의 여성들에게는 아직도 통한다.

함피의 사두
ⓒ 정재현

인도 사람

'그가(간디) 붙인 불꽃이 지금도 타고 있습니다.'(네루의 간디 서거 조사 중에서)

영웅 숭배

인도를 여행하다 보면 곳곳에서 동상들을 많이 볼 수가 있다. 성자 간디(Mahatma Gandhi), 인도 헌법의 아버지이며 불가촉천민의 우상인 암베르카르(Bhim Rao Ambedkar), 모든 종교는 하나라고 부르짖으면서 힌두 개혁을 외친 비베카난다(Vivekānanda)의 동상 이외에 그 지역 독립투사들의 동상을 거리 곳곳에서 볼 수 있다.

델리 대학 내에도 부처님, 비베카난다, 네루의 동상이 있다. 이러한 동상 이외에 이들을 기념하기 위한 기념관이 전국 곳곳에 있다. 특히 간디 기념관은 대도시 어느 곳에나 있다. 비베카난다의 기념관과 동상은 인도의 땅끝 마을 깐야꾸마르부터 북동부 끝인 아루나찰 프라데쉬까지 그의 이름을 딴 학교가 널리 퍼져 있다. 이들 기념관에 특별한 것이 전시되어 있지는 않다. 전시물이라고 해야 사진이 대부분이고 흉상 정도 있을 뿐이다. 그러나 인도인들은 이들을 성자로 생각하여 항상 참배한다.

타임지가 20세기 가장 위대한 성인의 한 명으로 뽑은 성녀 마더 테레사(Mother Teresa)의 이름은 꼴까다의 마더 하우스 안에만 있지 않다. 전국에 마더 테레사의 이름을 띤 여학교가 퍼져 있다. 인도는 공원과 거리의 명칭으로 유명한 역사적 인물의 이름을 붙이

는 것을 좋아한다. 대도시에는 대부분 간디 길이라는 M. G. 로드
가 있다. 역대 대통령이나 독립투사들의 동상 보기가 어렵고 대통
령 기념관 하나 짓는 것이 어려운 우리와는 매우 대조적이다.

네루

비베카 난다

　인도인들에게는 일종의 영웅 숭배 사상이 있다. 그 대상이 죽은
경우도 있고 살아있는 경우도 있다. 지난해 연말 인도 신문에
2007년 가장 영향 있는 정치가로 10명을 선정하였는데 그 가운데
1위로 죽은 간디가 올라 있었다.

　종교의 나라다 보니 거의 신과 같이 숭배의 대상이 되는 힌두성
자들의 기념관이나 동상 및 그의 사상을 배우기 위해서 만든 아쉬
람들이 전국에 퍼져있다. 세계의 많은 사람들이 찾는 푸네의 오쇼
라즈니쉬(Rajneesh) 아쉬람을 비롯하여 전국에 산재된 아쉬람은 인
도인뿐만 아니라 세계인들이 항상 찾는 곳이 되고 있다.

　많은 기적을 행하였다고 하여 현재까지도 오토 릭샤의 창문에서

부터 개인들의 지갑에 이르기까지 어느 곳에서나 그의 사진을 볼 수 있는 사이 바바(Sai Baba)와 그의 환생이라고 하는 사티아 사이 바바(Sathya Sai Baba), 웃음의 철학으로 널리 알려진 스리 스리 라비 상카(Sri Sri Ravi Shanka), 요가 지도자 바바 람데브(Baba Ramdev)와 같은 정신적 지도자들을 인도인들은 신과 같이 숭배를 한다.

델리대학 특별 강연회에 인도인으로 노벨 경제학상을 탄 아마티아 센(Amartya Sen) 교수가 초청되어 왔다. 이 강연에는 젊은 인도 대학생들이 많이 참석하였고, 그들은 아마티아 센 교수가 들어오자 기립 박수를 보내고, 강연이 끝나자 사인을 받기 위해서 몰려나갔다. 나는 그들의 얼굴에서 노 교수에 대한 진정한 존경의 모습과 행복감을 볼 수 있었다. 존경할 수 있는 영웅을 가진 국민은 행복한 국민이다. 인도 학생들에게 노벨 경제학자 아마티아 센은 자신들이 연구하고 살아가는 목적이다.

최근에는 정신적인 지도자 이외에 크리켓 선수, 애쉬와라 라이(Aishwarya Rai), 샤루칸(Shah Ruh Khan), 아미타 바찬(Amitahb Bachan)과 같은 영화배우도 이들과 동일하게 젊은이들의 영웅이 되어 숭배를 받고 있다.

긴디가 세계 성인의 반열에 오르고 추앙받는 것은 간디를 인도인들이 신처럼 숭배하였기 때문이다. 인도인들이 존경하지 않았다면 간디는 세계의 성인이 되지 않았을지도 모른다. 인도인들은 자신들이 존경하는 사람들의 동상을 세우고, 기념관을 만들며, 거리 이름을 붙여서 항상 사람들 곁에 있도록 한다. 인도의 젊은이들 가운데에는 비폭력의 간디보다 투쟁에 의한 독립을 부르짖은 찬드라 보스(Chandra Bose)를 더 좋아하는 학생도 있다. 꼴까다에는 그의 이름을 딴 도로가 있다. 젊은이들에게는 간디만이 영웅이 아니라 찬드라 보스도 영웅이다.

우리는 혜초 스님부터 유명한 스님들이 있었고, 김대건 신부를 비롯하여 103명의 성인이 탄생한 나라이며, 유엔 사무총장이 있고, 독립을 위해 싸운 자유 투사들이 있고, 6·25 전쟁에서 이름 없이 죽어간 고귀한 영웅들이 너무도 많은 나라다.

그러나 우리는 이들을 독립기념관이나 동작동 국립묘지에 모셔두고, 사람이 찾지 않는 외진 곳에 기념탑만 세워 놓고 있을 뿐이다. 우리는 사람을 존경하는 데 너무 인색한 나라인 듯하다. 사람을 존경하기보다는 비판하는 데 더 많은 관심을 가진다. 종교의 이름으로 단군 동상이 깨어지고, 기부자의 이름이 붙은 대학건물 이름을 바꾸려고 한다. 존경받는 사람이 태어나는 것도 중요하지만 존경하여 주는 것도 중요하다. 우리가 존경해야지 세계인이 존경하는 인물이 만들어질 수 있는 것이다.

꼴까다 마더 하우스의 마더 테레사 상

사진 이야기

인도인들은 사진을 좋아한다. 여행을 하다 보면 유적지마다 학생들이 수학여행을 오거나 현장학습을 오는 경우를 많이 볼 수 있다. 학생들은 디지털 카메라만 보면 사진을 찍어 달라고 졸라댄다. 사진을 찍어 그 자리에서 화면을 보여 주면 그렇게 즐거워할 수가 없다. 이는 어른이나 아이나 같다. 내가 있던 게스트 하우스에서도 직원들이 카메라만 보면 사진을 찍어 달라고 한다.

남인도 여학생들
ⓒ 정재현

사진을 좋아하니 사진을 보관하기 위한 앨범도 매우 다양하고, 표지도 가죽으로 만들어서 호화스러운 것이 많다. 하루는 한국에 다녀온 학생 집에 초청받아서 가니 제일 먼저 한국에 다녀온 사진 앨범부터 보여주면서 자랑을 한다. 인도 서민들 집에 가면 우리의 60~70년대처럼 벽에 온갖 사진을 붙여 보여주다. 사진을 좋아해서인지 큰 책방에 가면 사진과 관련된 코너가 항상 있다. 그 책값이 일반 책들의 몇 배가 되어도 잘 팔리는 것 같다.

혼자서 여행을 하다 보면 왔다 같다는 증명사진처럼 유적지를 배경으로 사진 한 장이 찍고 싶어서 인도인에게 부탁하면 찍을 줄 모른다며 거절하는 사람이 많다. 사진을 찍어주는 경우에도 십중팔구 배경보다는 인물중심으로 사진을 찍어준다. 그렇다 보니 그 사진이 어느 곳에서 찍은 것인지 구분할 수 없는 것이 많이 있다.

인도에서는 사진 찍는 것이 자유스럽지 못하다. 사진을 찍기 위해서 돈을 내거나 허락을 받아야 하는 경우가 많이 있다. 인도의 관광지에 가면 대부분 "내부에서는 사진 촬영이 허락되지 않습니다"라는 경고문을 볼 수 있다. 카메라나 비디오를 찍고자 하면 촬영권을 사야 한다. 더욱이 삼각대의 반입은 어느 곳에서나 금하고 있다.

그 촬영권의 가격이 입장료에 10배가 넘는 곳도 있다. 델리의 유명한 이슬람 사원인 자미 마스지드 입장료는 무료이지만 촬영비로 100루피를 받는다. 세계문화유산이 있어서 유명한 인도 남부 함피에 있는 비루팍샤 사원의 입장료는 5루피이지만 촬영권은 50루피이다. 각 지역의 유명한 궁전이나 델리, 꼴까다, 첸나이 등에 있는 국립박물관에서도 사진 촬영을 하려면 입장료에 버금가는 촬영권을 사야 한다. 그러니 주머니가 가벼운 배낭 여행객들에게는 비싼 입장료와 촬영비용이 교통비보다 더 많이 지출해야 하는 부분이기도 하다. 촬영권은 외국인이나 현지인이나 차등을 두지 않으니 인도인들에게도 사진은 많은 비용을 지불해야 하는 사치품으로 관광지에서의 사진은 남에게 자랑할 만한 것이다.

촬영권을 사서 내부에서 사진이라도 찍으려면 층이나 전시실마다 있는 경비원들이 촬영권을 보자고 달려온다. 촬영권을 잃어버리게 되면 낭패를 겪게 되기 때문에 항상 신경 쓰이는 일이다.

종교시설로 성당, 불교 사원, 자인교 사원, 무슬림 사원 등에서는 자유롭게 사진 촬영이 허락되고 있지만 힌두교 사원의 경우에는 대부분 엄격하게 촬영을 금하고 있다. 힌두교 사원 내부의 경우 다른 종교시설과는 달리 찍을 거리가 많지 않아서 아쉬움은 없지만 관광객으로는 섭섭한 일이다.

이러한 사진 촬영을 금지하는 것은 관광지에만 한정되지 않는다. 대학이나 관공서 건물에 대하여 사진을 찍고자 하면 경비원들이 달려와서 담당자의 허락을 받을 것을 요구한다. 델리 대학의 몇몇 캠퍼스나 인도 공과대학(IIT)의 경우 캠퍼스 사진을 찍으려면 사무국장 쯤 되는 사람에게 허락을 받아야 한다. 캘커타의 타고르 기념관의 경우에도 정원에 있는 흉상을 찍으려 하니 통제를 한다. 인도의 대표적인 국경일인 건국기념일(Republic Day) 행사가 매년 1월 26일 대통령 궁과 행정부 건물이 있는 라지 파트에서 열린다. 그 행사장에 들어가기 위해서는 사진기와 휴대전화를 소지해서는 아니 된다.

사진 촬영을 제한하는 것이 아잔타 석굴과 같이 벽화를 보호하기 위해서 플래시 촬영을 금하는 것들은 이해할 수 있다. 그러나 오늘날 인공위성 기술이 발전하고 촬영 기능을 가진 휴대전화가 일상화되고 있는 상황에서 사진촬영을 제한하는 것은 시대의 변화를 쫓아가지 못하는 인도의 폐쇄적 문화의 산물이 아닌가 생각된다. 관광객들은 어떤 곳에 갔다 왔다는 것을 기록으로 남기고, 남에게 보여주고 싶어 한다. 그러나 인도에서는 이러한 욕구를 접어두어야 한다. 사진 찍는 것은 인도 여행의 유감 가운데 하나이다. 아직은 배타적이고 닫힌 사회의 모습을 사진 찍는 것에서도 볼 수가 있다.

푸쉬가르의 여인들

인도인의 군중심리

　인도인들은 군중심리가 강하다. 거리에서 큰소리가 나거나 교통사고가 나면 순식간에 사람들이 몰려든다. 델리대학교가 있는 지하철역에서 남학생 4명에게 성희롱을 당한 한 여학생이 소리를 치자 사람들이 몰려들어 이들을 체포하였다고 한다. 이를 계기로 델리대학교 여학생들이 며칠 동안 이들을 처벌할 것을 요구하면서 데모를 하였다.

　얼마 전 마드야 프라데시 주에서 상위 카스트에 속한 남자 40여 명이 하위 카스트에 속한 여자 3명을 집단으로 성폭행한 사건이 발생하였다. 이 사건은 성폭행 당한 사람 가운데 한 명의 아들이 상위 카스트의 딸과 눈이 맞아 노주한 데 대한 보복 조치로 이 같은 범행을 저지른 것으로 일려졌다.

　델리에서 강도가 가정집에 침입하였다가 집주인에게 붙잡혔다. 주인은 경찰에 신고하기보다 이웃집 사람들을 불러 모았다. 그 강도는 모인 주민들에 맞아서 죽었다. 이러한 마녀 사냥식 폭력은 인도인들의 군중심리의 발로라 할 수 있다. 이렇게 죽어가는 사람이 일 년에 2,000명이 넘는다고 한다.

　개인적으로 보면 순수하고 다혈질적이지 않은 인도인들이 군중으로 모이면 폭행·살인·방화 등을 저지른다. 군중심리는 맹목적이고 충동적이며 노하기 쉽고, 암시에 걸리기 쉬우며 경솔하고, 과장이 있어 지나친 단순화에 빠지며, 너그럽지 못하고, 권위주의적이고 보수적인 특성을 가진다. 군중은 이성적 사고에는 무능한 반면에 뛰어난 행동력을 가진다고 한다.

지역 정치 집회에 모인 사람들

인도인들은 다른 어느 나라보다 이러한 군중심리가 강한 듯하다. 이러한 군중심리가 종교와 연계되어 2천여 명의 사망을 가져온 아요디아와 같은 사건을 가져왔고, 인간의 성적 본능과 관련하여 짧은치마와 가슴을 드러내고 다니는 외국인 여자를 상대로 집단 성폭행으로 이어지는 사건이 자주 발생한다. 인도인들에게 잠재하여 있는 군중심리의 표현이다.

인도는 이러한 집단 폭력의 가해자들에 대하여 매우 관대한 모습을 보인다. 특히 상위 카스트들에 의한 하위 카스트 폭행에 대

하여 관대하다. 이들에 대한 처벌이 또 다른 군중심리를 자극할
위험이 있다는 경험에 의하여 만들어진 관행인 듯하다. 이에 경찰
들은 집단 데모에 대하여 강력한 대응을 자제하고 주변에 서 있는
경우를 자주 볼 수 있다.

　인도인의 강한 군중심리를 이용하여 정치가들이 선동정치를 유
도하는 모습들을 자주 보게 된다. 오리샤에서 기독교 선교 활동에
반대하는 힌두교 성직자 사라와티(Sarawati)가 암살당하자 경찰은
지역 공산주의자들의 소행이라고 밝혔지만 힌두교 강경주의자들은
기독교인들의 책임이라고 몰아붙여 반기독교 폭동이 일어났다.

　이러한 집단 폭행 사건에 연류 되지 않으려면 인도의 문화 관습
을 긍정적으로 보아야 하며, 집단적인 사건이 발생한 곳에 가지
않는 것이 필요하다. 무엇보다 언쟁이나 문제가 발생할 경우에 먼
저 폭력을 사용하지 않아야 한다.

차도 만원　　　　　　　　　　　　　　　　　　　ⓒ 정재현

말하기 좋아하는 인도인

인도인들은 말하기를 좋아한다. 인도인 크리슈나 메논(Krishna Menon)은 1954년 유엔에서 8시간 동안 쉬지 않고 연설하여 세계에서 가장 긴 연설로 기록되고 있다. 아마 인도인이었기 때문에 가능하였을 것이다. 인도에서 생활하려면 말을 많이 해야 한다. 사이클 릭샤를 타려면 타기 전에 꼭 흥정을 해야 하고 길을 쉽게 찾으려면 말을 많이 하는 것이 좋다. 말을 많이 하기 때문인지 SDT, ISD, PCO라고 쓰여 있는 공중전화를 걸 수 있는 곳이 곳곳에 널려 있다. 말하기를 좋아하기 때문인지 소득에 비하여 비싼 삼성과 LG 휴대전화가 잘 팔린다.

사회적으로 중요한 이슈가 있으면 TV 뉴스 시간에 전문가 토론을 많이 한다. 토론에서 다른 사람이 자기 생각과 다르면 이야기 도중에 끼어들어서 두 사람이 한꺼번에 이야기하는 것을 자주 볼 수가 있다. 채널에 따라서 앵커가 패널들보다 더 많이 이야기한다. 인도인들은 다른 사람의 말이 끝나기를 기다리지 못한다. 많은 부분에서 느리지만 말에 있어서는 참거나 인내의 모습을 볼 수가 없다.

대학에서 토론회나 강연회가 열리면 발표보다 토론시간이 더 길다. 문제는 마이크를 잡으면 마이크 놓을 줄을 모른다는 것이다.

교수 세미나에 학생들이 방청을 하면서 자기의 주장을 내세우고 반대의견을 자유스럽게 이야기한다. 내가 있던 델리대학교 동아시아 학과의 경우도 나라별로 매년 학술회의를 한다. 우리 같으면 학과 동료 교수의 발표에 대하여 질문하거나 토론하는 것이 하나의 금기처럼 되어 있지만 인도 교수들은 매우 자연스럽게 반박하고 질문하고 토론을 한다.

수업시간에 질문하면 그 질문에 대해서 자기들끼리 토론이 붙는다. 내가 생각하기에 논쟁의 여지가 없는데도 교수는 아랑곳하지 않고 자기들끼리 목소리를 높인다. 큰 소리로 중단을 시켜야지만 내가 말할 기회를 가질 수 있다. 한국의 교실에서는 생각할 수도 없는 것들이다.

말하기 좋아하는 인도인들은 말도 잘한다. 교수나 학생이나 발표를 하고 토론을 할 때 보면 거의 숨도 쉬지 않고 이야기한다. 막힘이 없다. 억양이 없는 인도 영어로 듣기에 지루하지만 청산유수처럼 이야기한다. 인도인들이 국제무대에서 두각을 나타내고 다국적 기업의 책임자가 많은 데는 말을 잘하고 토론에 강한 인도인의 특성이 기여하였을 것이다.

우리 속담에 하던 짓도 멍석을 펴놓으면 안 한다는 말이 있다. 인도에서는 통하지 않는다. 인도인들은 안 하던 것도 멍석을 펴면 더 잘한다. 소위 무대기질이 있다. 우리의 경우 잘난 체하면 오히려 왕따를 당하는 것이 교실 문화지만 인도의 경우 말하지 않으면 오히려 손해를 보게 된다.

대학의 세미나

무엇이 인도인들을 말하기 좋아하고 나서기를 좋아하도록 만들었는가? 어떤 학자들은 이를 종교에서 찾고 있다. 인도의 대 서사시 라마야나(Ramayana)와 마하바라타(Mahābhārata)는 대화, 딜레마, 대안적인 관점으로 이야기를 전개하고 있고, 이러한 사고들이 인도인들에게 영향을 주었을 것이라는 주장이다. 또한 다문화와 다종교를 통합하기 위하여 아쇼카 왕이나 악바르 황제 등이 추진한 정교분리주의의 오랜 전통은 자기와 다른 주장을 받아들이는 사상과 문화를 형성하였다.

여기에 주관식 시험 중심의 교육제도도 이에 일조를 하였다고 생각한다. 인도는 초등학교부터 대학에 이르기까지 시험은 주관식 시험이다. 그 시험 답안지를 채우려면 많은 것들을 외워야 하고, 많은 것을 외워서 기억하고 있으니 외운 것이 입을 통하여 자연스럽게 나오는 것이다.

인도인들은 자기와 다른 이야기를 한다고 감정 상하지 않는다. 우리의 경우 자기와 다른 주장을 하고 반박을 하면 감정이 상해서 오히려 말을 못하지만 인도인들은 그것을 받아들이면서 자기 이야기를 계속한다. 이는 인도가 가지는 다양성과 다양성의 산물이라고 할 수 있다. 즉 자기와 다를 수 있다는 것을 인정하면서 말하고 살고 있다.

인도는 수학과 순수과학이 많이 발전되어 있다. 이러한 발전이 가능한 것은 끝임 없는 토론과 반대 주장이 가능하기 때문이라고 한다. 인도의 대표적 대학인 네루대학이나 IIT(인도공과대학)의 가장 큰 장점으로 대화와 토론식 교육을 든다. 이들 학교는 대부분 학생들이 기숙사 생활을 하고 교수들도 교내의 아파트에서 생활하기 때문에 저녁 늦게까지 함께 토론을 한다. 이들 대학의 경우 오히려 밤 시간에 더 많은 학생들이 교정 여기저기에 모여 있는 것을 볼 수 있다. 수업은 교실에서 이루어져야 한다는 한국의 고정관념을 볼 수 없는 것이 이들 학교의 장점이다.

말이 많다 보니 진실 되지 않은 말이 있고, 결정이 느려서 외국인의 경우 답답하고 낭패를 겪기도 하지만 자기주장을 격의 없이 이야기하고, 자기와 다른 주장을 듣는 문화는 적게 말하는 것이 미덕인 우리를 다시 생각하게 한다.

인내로 사는 사람들

인도인에게 장황함이나 지루한 것은 낯설지 않은 것이다. 인도는 이 세상에 있는 헌법 가운데에서 가장 긴 헌법을 가지고 있다. 1949년 395조 부칙 8개로 작성된 헌법은 현재 395조와 95개의 수정 조항과 부칙도 12개로 구성되어 있으며, 전체 헌법은 영어 단어 117,369개 구성되어 있다. 책 한 권이 넘는 분량이다.

델리에서 현대 자동차 공장이 있는 첸나이까지는 빠른 익스프레스 기차로 32시간 걸린다. 여행객들이 남부로 가기 위한 출발점으로 삼는 고아나 IT 산업의 요지인 뱅갈루루까지는 수도 델리에서 40여 시간을 가야한다. 한국 사람들이 달라이 라마(Dalai Lama)를 보기 위해서 가는 다람살라까지는 델리에서 12시간을 버스로 간다. 우리의 경우 명절 때 고속도로가 붐벼야 경험할 수 있는 시간들을 이들은 일상에서 경험한다.

인도인을 하나로 만들고 아침부터 TV에 묶어두는 것 가운데 하나인 크리켓은 한 경기를 마무리하는 데 2~3일씩 걸리기도 한다고 한다. 밥을 먹으면서 하고, 차 마시면서 경기를 한다. 영연방 국가에서 많이 하는 크리켓이 올림픽 경기 종목이 되지 못하고 있는 것도 그 긴 경기 시간 때문이다. 인도인들은 경기 결과를 보기 위하여 인내를 한다. 이러한 인내와 기다림에 익숙하니 한순간에 결과를 가져오는 육상이나 개인 경기에는 관심이 없는 듯하다.

최근 사회적 종교적 논쟁거리가 된 무굴제국 3대 황제인 악바르를 주제로 한 조다 악바르(Jodhaa Akbar)란 영화가 인도에서 상연되고 있다. 그 영화가 역사와 문화를 왜곡한다고 해서 힌두교의 입김이 강한 라자스탄 주를 중심으로 몇몇 지역에서 상연을 금지하고 있다. 이 영화의 상연 시간은 3시간 20분이다. 중간 휴식까지 4시간이 걸린다. 인도의 경우 3시간이 넘는 영화는 보통이다. 그 긴 시간을 많은 사람들이 좁은 의자에서 즐기고 있다.

가을에 열리는 축제인 두쎄라(Dussehra) 기간에는 지역마다 차이는 있지만 라마신이 스리랑카의 악마를 물리치는 것을 연극으로 공연하고 있다. 그 연극은 약 10여 일간 계속된다. 그 축제 기간 내내 사람들이 만원이고 마지막 날에는 곳곳에서 인산인해를 이룬다. 우리의 지역축제처럼 사람을 동원하지도 않는다.

우리의 판소리도 완창을 하려면 많은 시간이 걸리지만 인도 남부 께랄라 주에 가면 볼 수 있는 마임극의 일종인 까따깔리(kathakali)는 원래 12시간짜리 공연이라고 한다. 오늘날에는 관광객을 위하여 1~2시간 정도의 맛보기 공연을 코치에 가면 볼 수 있다.

델리 대학교의 경우 학생들의 기말시험의 시험 기간이 약 한 달 이상이 걸린다. 최근 동아시아 학부생들이 기말시험을 마쳤는데 이들 필기시험의 시험시간이 3시간이다. 그 3시간 동안에 12쪽짜리 답안지에 답안을 작성한다. 약 절반의 학생이 3시간 동안 앉아 있다. 우리의 대입 수학능력시험에 해당되는 AISSCE는 과목당 3시간씩 주관식 시험으로 3월 한 달에 걸쳐서 본다. 하루에 수학능력시험을 보는 우리와는 다르고, 시험시간이 길다고 하는 우리의 사법

마임의 일종인 까따깔리

이나 행정고시와도 비교할 수 없는 것들이다.

인도에서는 중요한 사건에 대한 재판은 보통 10여 년 이상을 끈다. 1984년 12월 인도 중부 보팔에서 유니온 카바이드 농약 공장 폭발로 전체 인구 80여만 명 가운데 2,000여 명이 즉사하고, 30여만 명이 부상을 당하는 대재앙이 발생하였다. 유니온 카바이드사의 보상은 즉각 이루어졌지만 20여 년이 지난 지금까지도 정부를 상대로 한 소송이 약 4천 건 정도 법원에 계류 중이다.

경제적 이유도 있겠지만 관공서나 상점 등에서 도트 프린터기가 주로 사용되고 있다. 한 장씩 나오는 레이저 프린터나 잉크젯보다는 한 줄씩 인쇄되는 도트 프린터기를 불편 없이 사용하고 있다.

한국 사람들이 인도에 와서 가장 불편을 호소하는 것 가운데 하나가 생활에 필요한 전기, 가스, 전화, 수도 등을 연결하는 것이다. 어떤 한국인은 집을 얻고 가스 선을 연결하기까지 15일이 걸렸고,

바라나시 사공의 기다림

독촉을 하기 위해서 30번 이상 전화를 하였다고 한다. 인도인들은 한국 사람들이 지친 뒤에나 나타나서 문제를 해결해 준다.

인도인들은 그 장황함과 지루함을 무엇으로 견디는가? 대륙의 지리적 조건 이외에 종교적인 영향도 있는 듯하다. 인도인들의 사상과 생활에 절대적 영향을 준 대서사시 라마야나와 마하바라타는 종종 서양의 대 서사시 일리아드와 오디세이와 비교되곤 한다. 그러나 마하바라타만 해도 그 길이가 일리아드와 오디세이의 7배나 된다.

인도에서 생활하면서 인도인들이 재촉하거나 뛰는 것을 본다는 것은 매우 드물다. 학생들의 경우에도 지각하였다고 뛰어서 오는 것을 볼 수가 없다. 인도의 식당에서 한국과 같이 빨리빨리 재촉하는 사람을 볼 수가 없다. 자동차나 지하철 문화가 들어오면서 달리는 버스에서 뛰어내리거나, 지하철의 긴 줄을 새치기하는 문화

가 생기고는 있지만 아직 인도의 생활은 느림과 아날로그의 문화
가 지배적이다.

　인도인들은 지루함이나 장황함을 뛰거나 재촉하여서 극복될 수
있는 것이 아니라는 것을 알고 이것을 인내로 극복하는 지혜들을
터득하고 있는 듯하다. 무엇보다도 결과와 함께 과정도 중시하는 문
화적 행태가 인도인들에게 기다림과 인내에 익숙하게 하는 것 같다.

인도인들은 그 긴 기다림을 잠으로 기다린다.

인도의 코리안 타임

사회 발전에 따라서 시간관이 바뀌게 된다. 전통사회의 시간관은 농촌의 시간으로 자연현상에 의하여 시간이 결정되어 해가 뜨면 일어나고, 해가 지면 일을 마무리하게 된다. 그러니 전통적 시간은 매일 시간이 바뀔 뿐만 아니라 사람에 따라서 시간이 바뀐다.

산업사회의 시간관은 시계에 의한 시간관으로 사람이 아니라 시계가 시간을 결정하여 시작 시간과 끝나는 시간이 명확한 시간관이다. 산업사회의 시간은 대부분 9시에 시작하여 저녁 6시에 마무리한다.

반면에 정보화 사회의 시간관은 고객이 시간을 결정하게 된다. 내표직인 깃이 온라인 구매나 ATM기와 같은 것들이다. 정보화 사회에서는 24시간 언제나 물건을 구입할 수 있고, 삶의 욕구를 충족시킬 수 있다.

한국의 경우 60~70년대 국제적 오명을 가진 사회현상으로 코리안 타임이라는 것이 있었다. 코리아 타임은 높은 사람이 오지 않았다고 행사를 늦추고, 약속을 일방적으로 파기하고, 약속시간이 지나서 나타나는 것을 보고 외국인들이 붙인 이름이다.

열차의 좌석 표를 보는 사람들

　오늘날 인도의 시간관은 전통사회에서 산업사회로 전이되는 시간관을 가지고 있다. 이에 의하여 전통적인 시간관과 산업사회의 시간관이 동시에 존재한다. 한편으로는 너무 시간을 정확하게 지켜서 불편하고, 한편으로는 시간개념이 없어서 정보화 사회를 살던 한국인에게는 울화통이 터지는 시간관이다.

　인도 사람들은 시간을 매우 철저하게 지킨다. 일전에 인터넷 요금을 내기 위해서 대학가 주변에 있는 통신회사 지점에 2시 30분에 도착했지만 앉아 있던 직원이 일어서면서 2시 30분부터 3시까지 점심시간이니 30분 있다가 오란다. 1분도 걸리지 않을 일을 30분 뒤에 처리하겠다고 한다.

　은행의 경우 창구별로 담당자의 이름이 있고, 담당자의 근무시간이 표시되어 있다. 담당자는 손님이 줄을 서서 기다리더라도 시간이 되면 자기 소지품을 챙겨서 나간다. 그러나 인도사람들은 불평하는 사람이 없고 다른 줄 뒤에 가서 선다. 한국 사람의 입장에서 보면 은행거래를 끊고, 지점장을 열 번도 더 불렀을 상황이다. 책방의 경우에도 아무리 손님이 많더라도 여직원은 6시면 소리도 없이 나간다. 시간을 너무 정확하게 지켜서 불편한 일들이다.

이러한 일들은 최근에 우후죽순처럼 생기고 있는 슈퍼마켓에서도 경험할 수 있다. 한번은 남쪽 델리 샤켓에 있는 슈퍼마켓에 오후 9시 5분쯤 물건을 사기 위해서 들어가고자 하니 문지키는 가드가 막는다. 9시에 문을 닫아야 한다는 것이다. 가드는 물건을 파는 사람이 아닌 문을 지키는 사람이라는 인식이 더 강한 것이다. 잠깐만 들어가서 바로 나오겠다고 해도 아랑곳하지 않는다.

인도의 경우 대부분의 시장이 11시나 12시쯤 문을 연다. 최근에 생긴 큰 상점에서 직원이 있는 경우에는 9시에 문을 연다. 그러나 주인 혼자 있는 상점의 경우 문을 여는 시간이 일정하지 않다. 그렇지만 여름철 2시부터의 점심과 휴식 시간, 저녁에 문을 닫는 시간은 정확하게 지킨다. 인도인들은 규정된 시간 이외에는 일하고 싶어 하지 않는다고 한다. 그래서 야근이나 초과근무에 익숙한 한국인 사장님들이 사업을 하면서 어려움을 겪는다.

델리에서 떠나는 기차의 경우 대부분 정시에 출발을 하지만 도착시간은 기약이 없다. 12시간 걸리는 델리와 바라나시를 20시간 걸려서 간다면 한국의 경우 환불받아야 할 시간이기도 하다. 그렇지만 기차 안에는 고객서비스와 관련한 ISO-9001 인증서가 붙어 있다.

한번은 인도의 땅끝 마을인 캬냐꾸마르에서 첸나이 가는 야간 열차를 탈 기회가 있었다. 인도 북부지역이나 중부지역을 여행할 때마다 정시에 도착하는 경우가 없어서 이번에도 그런 줄 알고 도착

닫힌 가게 문

시간 쯤 화장실에 가서 볼일을 보고 세면을 하고 나오니 사람들이 모두 하차하고 없었다. 너무 정확하게 도착해서 겪은 일이다.

인도의 학술 세미나에 참석하면 대부분 정확하게 시작하는 경우가 드물다. 그렇지만 끝나는 시간은 계획된 대로 마무리하는 경우가 많았다. 학과교수들이 점심이나 저녁시간에 회식을 하면 대부분 약속시간보다 30분에서 1시간 정도는 늦게 온다. 그 가운데 가장 빨리 오는 사람들이 한국인들이다.

종종 학생들이 집으로 저녁 초대를 한다. 대부분 저녁은 7시에 시간약속을 하게 되는 데 시간에 맞추어서 정확하게 가면, 8시 넘어서 차와 간단한 과자 종류를 대접받을 수 있다. 인도의 식사초대는 손님이 온 뒤부터 음식준비가 시작되어서 저녁은 10시 넘어서 먹게 된다. 그래서 초대받는 날은 미리 간식을 먹고 간다. 인도에서 초대받는 날은 저녁을 두 번 먹는 날이다. 인도에서 공식적으로 가정집을 방문하고자 할 경우에는 약 30분 정도 늦게 가는 것이 오히려 예의라고 한다.

내가 있던 동아시아학과의 경우 아침 8시에 수업을 시작한다. 한국에서처럼 8시에 강의실에 들어가면 한 명 두 명 정도만 앉아 있을 뿐이다. 8시 20분은 되어야 수업을 할 정도로 학생들이 온다. 그렇지만 뒤 수업 때문에 끝나는 시간은 매번 정확하게 끝내주어야 한다. 그렇지 않으면 학생들이 불만이다.

최근에 와서 인도의 경우에도 시간이 돈이라는 인식들이 점차 늘어나서 산업사회의 시간관이 확대되고 있는 듯하다. 델리의 택시 요금은 8시간 80Km을 기본요금으로 하여 700루피 정도 한다. 택시를 부르면 종종 교통 혼잡을 이유로 늦게 온다. 늦게 왔다고 미안하다는 소리를 듣기는 어렵다. 그러면서 초과시간이 10분만 되어도 초과요금을 달라고 한다. 최근에 들어서 한국인 가정에서 일하는 사람들이 시간을 초과하여 일하게 되면 꼭 초과수당을 요구한다고 이구동성으로 이야기한다. 때로는 초과근무를 시켜주지 않는다고 운전기사가 다른 곳으로 갔다는 이야기도 들린다. 그렇지만 아직도 많은 인도사람들이 시간을 시계에 맞추기보다는 자기에 맞추고 있다. 또한 공적 시간과 사적 시간이 명확하게 구분되어 있지 않아서 학생들의 경우 가정의 대소사 때문에 결석하는 경우가 많이 있다. 집안 일로 교수와의 약속을 어겨도 크게 미안해하지 않는다.

시간에 쫓기면서 사는 한국 사람의 경우 인도에서는 시간을 따라가면서 살아야 할 것 같다. 시간을 지키면서 사는 것이 오히려 마음고생을 시키게 하는 것이 인도의 생활이다. 시간이 금이라지만 아직 인도에서 시간은 돈이 되고는 있지만 금은 아닌 듯하다.

50%만 보고 판단하지 말라

　인도 라자스탄 주의 죠드뿌르에 있는 메헤랑가르 성에 가면 성의 주인이었던 21명의 마하라자들의 초상화가 모두 한 폭에 담겨 있다. 그런데 가장 최근 3명의 초상화만 얼굴을 정면으로 하고 나머지는 모두 한쪽 얼굴만을 보여주고 있다. 인도 전통그림이나 조각을 보면 신들의 모습은 정면을 보여주지만, 사람의 얼굴은 한쪽 얼굴만 보여주고 있다. 50%만 보여주고 있는 것이다.

　무슬림이외에도 지방에 가면 많은 젊은 여자들이 사리를 입고 얼굴을 가리고 산다. 남자들은 자신의 부인을 외부인에게 보여주지 않으려 한다. 부부일심 동체라고 하는 데 부인을 보여주지 않으니 50%만 보여주는 것이다.

　인도인들의 경우 담배를 공개적인 곳에서 피우는 경우가 많지 않다. 대부분 은밀하게 피운다. 담배 대신에 씹는담배(Gutka Chabana)나 환각작용이 있다고 하는 빤(pan)을 많이 씹는다. 서민이나 운전을 하는 사람들을 보면 아침부터 하루 종일 빤을 씹는다. 이는 종교적인 이유와 체면을 중시하는 문화의 산물이 아닌가 생각된다.

　인도 사람들은 말을 매우 잘하고 논쟁을 좋아한다. 한국 사람들은 종종 말하지 않는 것을 미덕으로 생각해서 아는 것의 50%만

이야기한다. 그러나 인도사람들은 50%를 알면 120%를 말한다. 인도인들은 종종 말을 하기 위해서 말을 하는 경우가 많이 있다. 그런 인도인의 말을 그대로 믿거나 시작할 때 지레짐작하여 판단하여서는 낭패를 보는 경우가 많이 있다.

인도인과 약속을 할 경우 종종 No Problem 이라고 한다. 그 말을 그대로 긍정하는 것으로 믿어서는 아니 된다. 인도인들에 있어서 No Problem은 긍정이 아니라 당신이 무엇을 이야기 하는지를 알아들었다는 의미로 받아들여야 한다. 이는 인도인들이 직접적으로 상대방의 제안을 거절하지 않는 특성 때문이라고 한다. 그러므로 인도인들이 이야기하는 의미를 정확하게 알기 위해서는 서두르거나 조급해하지 말아야 한다.

뭄바이 역에서 델리 행 기차를 타기 위해서 기다리는 데 구두 닦는 꼬마가 와서 운동화를 닦으란다. 인도에서는 운동화도 깨끗하게 닦아준다. 얼마냐고 물으니 50루피란다. 일반적으로 10루피 정도면 닦기 때문에 10루피에 흥정을 하고 운동화를 닦기로 하였다. 한쪽을 닦던 소년이 먼지를 털면서 운동화 한쪽의 가격이 10루피로 두 짝에 20루피란다. 50%만 흥정을 한 것이다.

인도에서 생활할 때 인도인들이 처음에 이야기하는 것만 믿으면서 산다는 것은 피곤하다. 콜택시를 부를 때 가격을 물어보지만 끝에 가서는 항상 추가 요금을 요구한다. 정찰제 음식점에 가도

부가가치세 12%가 청구서에 붙고, 팁을 10% 정도 생각하는 것이
편하다. 이러한 인도인들의 습관에 인도에서 사업을 하거나 사업을
하고자 하는 사람들이 지쳐서 포기하는 경우가 많다고 한다.

일전에는 스카프를 하나 사기 위해서 델리의 중심부인 코넛 플
레이스에 있는 주정부에서 보증한다는 특산품 점을 들렸다. 마음에
드는 스카프가 있어서 가격을 보니 1,200루피로 가격이 정해져 있
었다. 다시 종업원에게 물어보니 1,200루피란다. 비싸다고 나오려
고 하니 바로 600루피까지 해주겠단다.

아그라에서 빠테뿌르시크리로 가는 길에 택시기사가 하도 애원
을 해서 특산품 점에 들을 적이 있다. 문 앞에는 정찰제 하는 곳
이라고 크게 써 붙여 놓았다. 그러나 물건들에는 가격표가 없는
것이 많았다. 종업원에 물어보니 자기가 부르는 것이 정찰 가격이
란다. 봉을 씌울 수 있다고 생각해서 인지 물건 값을 깎자고 해도
정찰제이기 때문에 깎아 줄 수 없다고 한다.

외국 사람이기 때문에 그런 경우도 있겠지만 인도 사람들 간에
도 자기들이 말한 것을 서로 믿지 않는 경향이 있다. 인도사람들
도 길을 물을 때는 최소한 3명 이상에게 물어보곤 한다. 인도사람
들은 알지 못해도 아는 체한다는 것을 알기 때문이다.

007 영화를 촬영해서 유명한 라자스탄의 우다이뿌르에 학생과
같이 간 적이 있다. 그 학생은 라자스탄이 고향이다. 그 학생은 우
다이뿌르에서 가장 유명한 관광지인 시티 팰리스에 대하여 장황하
게 설명하고 아는 체를 하였다. 그러면 시티 팰리스에 가면 무엇
을 볼 수 있느냐고 물으니 단지 성이란다. 시티 팰리스는 현재 박
물관으로 사용되고 있는데 가보지도 않고 가본 것처럼 이야기를
한다. 내가 가르치던 강좌의 과반수의 학생이 세계문화 유산인 타

지마할을 보지 못하였다고 대답을 하고 있다. 그러나 가본 사람보
다 더 많은 것을 이야기한다.

흥정

　그러나 우리는 종종 인도인들의 말이 끝나기도 전에 성급하게
판단한다. 인도상인들이 제시한 가격은 물건 가격이 아닌 협상 가
격이고, 콜택시 기사가 제시한 요금은 기본요금이고, 인도 맥도날
드 메뉴판의 가격은 부가가치가 포함되지 않은 가격이다. 우리는
그것을 물건의 정해진 가격이나 요금으로 생각한다. 이것을 가지고
한국인늘은 인도 사람들을 시기꾼이라고 판단한다. 한국과 인도는
말과 행동에 있어서 분화석 차이가 있다.

　인도인들은 다른 사람들에게 자신의 50%만을 보여준다. 그것을
성급한 한국인들이 100% 믿고 판단한다면 항상 낭패를 보고, 인
도인들을 사기꾼이나 도둑처럼 생각하게 된다. 그러나 그들이 이야
기하는 것의 진실이 50%라고 생각한다면 그것은 자연스러운 그들
의 생활 방식이다. 인도는 우리로 하여금 매사 너무 성급하게 판
단하지 않도록 교훈을 주는 나라이다.

인도인과의 대화와 만남

2008년 12월에 델리대학교와 교류협정을 갱신하기 위해서 약 1 달 전에 델리대학 측과 일정을 합의한 뒤에 한국에서 대학 총장 일행이 왔다. 디팍(Deepak Pental) 부총장(Vice Chancellor)은 한국에 대하여도 호감을 가지고 있는 사람이었다. 그러나 다른 회의 문제로 1시간을 응접실에서 기다렸지만 나타나지 않고 자세한 설명도 없이 사무국장과 협정서에 사인을 할 수 밖에 없었다. 같은 날 동아시아 학과장과도 면담일정을 잡았지만 부총장과의 면담 일정이 지연되는 관계로 2시간 정도 늦게 도착하니 학과장도 만날 수 없었다. 이에 대하여 교류처장이나 관련된 사람들이 크게 미안해하지도 않는 분위기다. 우리의 입장에서는 생각할 수 없는 것들이다.

다음과 같은 인도인과의 대화나 만남에서 지켜야 할 사항과 금지하여야 할 것을 보면 이해할 수 있는 부분도 있을 것이다.

🌐 대화 시 지켜야 할 사항

- 공식적인 협상이나 방문 시에는 정장을 한다. 여자의 경우에는 종아리가 나오지 않도록 바지나 긴 치마를 입는 것이 좋다. 그러나 상대 인도인이 정장을 하지 않았다고 놀라지 않

는 것이 좋다. 인도인들은 매우 중요한 자리가 아닌 한 여름
철에는 공식적인 자리라도 슬리퍼에 와이셔츠를 입는 것을
개의하지 않는다. 그러나 가죽제품은 소지하지 않는 것이 좋
다. 인도 여자들은 법에 의하여 공식적인 자리에 참석하기
위해서는 사리를 입도록 규정하기도 하였다.

- 지정된 장소에 정시에 도착한다. 인도인들은 상대방이 시간
  을 지키는 것을 중시하지만 자신들은 잘 지키지 않는다. 또
  한 아쉬워서 가는 경우 약속시간이 언제든지 바뀔 수 있다는
  것을 염두에 두어야 한다. 필요하면 기다리되, 긴급 상황이
  발생하면 약속이 다음날로 재조정되거나 취소될 수도 있지만
  크게 신경 쓰지 않는 것이 좋다.

- 인도는 강한 관료제적인 전통을 가지고 있다. 그러므로 모든
  결정은 최고관리층만이 할 수 있다. 하위자는 상위자가 지시
  한 대로 행동한다. 그것이 잘못된 것인지를 아는 경우에도
  그대로 따른다. 짧은 면담 시간에 효과적인 대화를 위하여
  논의할 사항을 사전에 철저히 준비하고, 논의할 사항들은 정
  리해서 사본을 상대편에게 건네는 게 좋다. 가능한 논의한
  사항은 문서화하고 관련인의 사인을 받아 두도록 한다. 문서
  화되지 않은 것은 아무런 의미가 없다는 것을 항상 명심하여
  야 한다. 이들은 하위자에게 지시를 할 경우에도 작은 메모
  에 의하는 경우가 많다.

- 호칭으로 Professor, Doctor 또는 Sir나 Madam을 쓴다. 미국식
  인 Mr./Ms.보다 널리 통용된다. 호텔 등의 숙박부를 작성하
  는 경우에도 Professor, Doctor에 대하는 것이 다르다. 인도인
  들의 경우 Professor, Doctor는 높은 사회적 신분과 관련되어

집의 문패에도 표시를 한다. 인도사람들은 성(surname)을 주로 사용한다. 여성은 남편의 성을 따른다. 그러나 무슬림이나 시크 등은 그들의 고유한 전통이 있다.

- 인도를 좋아한다고 얘기한다. 인도의 역사, 음식, 예술, 문화 및 영화에 대해 말해도 좋다. 인도인들에게 가장 인기를 얻는 주제는 정치, 크리켓, 영화이다. 인도의 경제발전이나 개혁에 대하여 일반적인 이야기를 하는 것도 좋아한다.

- 선물을 준다. 선물이 필수적인 것은 아니지만 비싸지 않은 작은 외제 전자제품은 좋은 선물이 된다. 면담자가 1명 이상일 경우라도 선물은 가장 높은 사람에게만 주어도 무방하다. 인도인들은 선물을 받자마자 열어보는 것을 예의가 아닌 것으로 생각한다. 선물의 포장으로 검정색은 피하는 것이 좋다. 축의금을 주고자 할 경우에는 금액이 홀수로 끝나도록 하여야 한다. 인도인에 있어서 0이란 숫자는 마지막을 의미한다. 무슬림에게는 개와 관련된 것을, 힌두교도에게는 소와 관련된 것은 금하는 것이 좋다. 술을 먹는 사람의 경우 외국산 위스키는 매우 좋은 선물이 될 수 있다. 이름이 있는 브랜드도 매우 선호를 한다.

- 인도인들은 대화에서 종교에 대하여 종종 묻는다. 이들에 있어서 종교가 없다는 것은 무엇인가 잘못된 것으로 생각한다. 또한 가족관계를 이야기할 경우에도 우리와 같이 부인과 아들만 이야기하는 것이 아니라 최소한 부모나 조부모까지도 가족에 포함시켜서 이야기하게 된다. 강한 씨족 사회의 전통에 의한 것이다. 몇 번 친분이 있는 경우 가족에 대하여 안부를 물어보는 것도 친해지는 방법이 된다.

❀ 대화 시 금기 사항

- 인도인들은 직접적으로 반대의 표시를 잘 하지 않는다. 드러내 놓고 반대하는 것을 매우 꺼려한다. 그러므로 대화 도중에 그의 진의를 명확하게 파악하는 것이 중요하다. 이들에게 있어서 No라는 답변은 매우 거친 것이어서 모호한 답변으로 대답하는 것이 보다 예의를 갖춘 것으로 생각한다. 특히 자제심을 잃고 화를 내거나 하면 권위와 신뢰를 한 순간에 잃게 된다.

- 대화 중 걸려오는 전화나 찾아오는 사람들을 신경 쓰지 않는 것이 좋다. 아무 일도 아닌 듯 대화를 다시 이어가는 것이 좋다. 실제로 이들과 대화를 할 경우 전화가 오면 대부분 전화를 받고 길게 이야기하는 경우도 다반사이다. 대화나 회의 도중에 상대방이 회의실을 나갔다가 다시 들어오더라도 개의하지 않고 대화를 계속 하는 것도 필요하다.

- 인도인과의 대화에서 종교에 대하여 논하는 것은 피하는 것이 좋다. 그러나 종교에 대하여 호감을 가지고 질문하는 것은 환영받을 수 있다. 속어나 기타 비공식적인 표현은 쓰지 않는다. Yes 대신에 Yep이나 Yeah 등을 사용하지 않는다.

- 인도의 가난, 부패, 파키스탄에 대한 호의적 발언이나 중국과 비교하는 것들은 피하는 것이 좋다. 쇠고기, 개고기 등 채식이 아닌 음식에 대해서는 절대 얘기하지 않는다. 힌두교도들은 쇠고기를 먹지 않으며 무슬림은 개고기를 극도로 혐오한다.

- 바디 랭귀지를 지나치게 쓰지 않는다. 특히 손가락으로 가리키는 행위, 입술을 삐죽이는 행위, 어깨를 들썩이는 행위 등은 하지 않아야 한다. 이들은 손가락 대신에 턱으로 가리킨다.

- 초대를 받는 경우 30분 정도 늦게 도착하고, 식전 식후에 손을 씻어야 한다. 식사는 오른손을 사용하지만 접시를 건넬 때에는 왼손을 사용해도 된다. 가벼운 먹을거리를 가볍게 거절하는 것은 문제 되지 않지만 홍차, 커피 및 비스킷 등을 거절하지 않는 것이 좋다. 음식이 있는 공동 접시를 손으로 만지지 않는 것이 좋고, 자신의 접시에 담았던 음식을 다른 사람에게 주면 안 된다. 공동접시의 음식도 자기 수저를 사용하여 담아서는 안 된다.

- 대화 도중에 파리나 모기를 잡거나 죽이지 않아야 한다. 또한 발을 청결하지 못한 것으로 생각하므로 자신의 발이 다른 사람에게 닿지 않도록 주의하여야 한다.

ⓒ 정재현

인도의 노동문화

인도에는 두 가지 형태의 노동자들이 있다. 하나는 열심히 일하는 소수의 노동자와 거의 일을 하지 않는 다수의 노동자가 있다. 최근 자본주의 형태의 기업이나 사업체에 종사하는 사람들은 우리와 똑같이 열심히 일을 한다. 2~3년 사이에 크게 늘어나고 있는 쇼핑몰이나 슈퍼마켓의 직원, 통신회사나 콜 센터 직원들은 이들 소수에 해당되는 노동자들이라고 할 수 있다.

인도의 경우도 주당 44시간 근무가 제도화되어 있지만 실제 일하는 시간은 이보다 적다. 대부분 관공서들이 우리와 같이 9시 출근에 6시 퇴근을 지키지만 고객에 대하여 업무 창구를 열어놓는 시간은 10시부터 5시까시이고 그 중간에 1시간의 점심시간을 위해서 문을 닫는다. 실제 일은 6시간만 하는 것이다. 그래서 인도 공무원의 업무시간이 9시부터 5시라면, 9시는 집에서 나오는 시간을 말하는 것이고, 5시는 집에 도착하는 시간을 말하는 것이라고도 한다. 뉴델리에 있는 국립박물관의 개관은 10시에 문을 열고 5시에 문을 닫는다. 그러다 보니 점심이라도 먹고 오후에 가면 3층 가운데 1층만 보고 나와야 한다.

델리대학교 안에 기차표를 예매하는 곳이 있다. 이곳은 아침 10

시부터 업무를 시작하여 4시에 문을 닫는다. 그 중간에 1시간의 점심시간이 있다. 상가도 대부분 오전 11시가 넘어야 문을 열고 오후 9시 전에 문을 닫는다. 또한 더운 여름에는 2~4시 사이에는 상점 문을 닫는 곳이 많다.

인도의 달력에는 붉은 글씨가 많다. 인도의 공휴일은 크게 국가공휴일, 일반 공휴일(public holidays), 제한적 공휴일(restricted holidays)로 구분된다. 국가공휴일은 3일로 공통적이지만, 일반 공휴일과 제한적 공휴일은 주에 따라서 약간씩 차이가 있다. 편잡 주의 경우 2008년 일반 공휴일은 28일 제한적 공휴일을 18일로 고시하였다. 일반 공휴일은 대부분의 주에서 휴일로 쉰다. 제한적 공휴일은 주에 따라서 근로자가 선택하여 쉬게 되는 데 선택할 수 있는 기간은 2~9일까지 다양하다. 주 5일제를 실시하는 우리와 비교하면 1년에 10~20일 정도는 덜 근무한다.

인도의 도로공사와 같은 일터에서 볼 수 있는 공통적인 특징 가운데 하나가 일하는 사람보다 구경하는 사람이 더 많다는 것이다. 더욱이 공사장의 허드렛일은 대부분 여자들이 하는 경우가 많은데, 여기에서도 일하는 여자들보다 감독하거나 서성거리는 남자들이 더 많은 것을 종종 볼 수가 있다.

여름이 되면서 내가 있는 게스트 하우스에 리모델링 공사를 하였다. 일은 10시에 시작하고, 12시 30분이면 점심을 먹고, 2시 30분까지 낮잠을 잔다. 그리고 5시 30분이면 정확하게 일을 끝낸다. 이러한 모습은 한낮 온도가 40도를 오르내려도 변함이 없다. 우리 같으면 시원한 아침이나 새벽에 일을 하고 더운 한낮에는 쉬는 방법을 선택할 것 같은 데 더위는 아랑곳하지 않는다. 게스트 하우스의 방 하나를 리모델링하는 데 2주일이 넘어도 끝나지 않고 있다. 우리 같으면 3~4일 정도면 마무리할 일을 끝이 없이 한다. 인도 공기업으로 10만 명을 고용하고 있는 인도 최대 제철소인 인도철강공사(SAIL)의 일인당 연간 철강 생산량은 100t으로 한국 포스코(1인당 1,500t)의 15분의 1에 불과하다.

내가 있던 델리대학의 Art Faculty에 에어컨 공사를 하고 있다. 2007년 여름에 갔을 때 공사가 진행되고 있었는데 건물에 배관 공사를 한 뒤에 겨울에 되어서 에어컨이 들어왔다. 그러나 2008년 여름방학 때에도 가동이 되지 않았다.

많은 인도인들은 없는 일자리나 일을 찾아다니기보다는 일이 오기를 기다린다. 인도인들은 자기에게 주어진 일에 대해서는 비교적 철저하게 하는 편이다. 그러나 자기 일이 아니면 관심이 없다. 게스트 하우스의 복도가 지저분해도 치우는 사람은 따로 있다. 조직의 일과 나의 일이 구분되어 있고, 공보다는 사가 먼저다.

인도에서는 야근하는 것을 찾아보기 어렵다. 상가를 제외하고는 관공서나 큰 건물이 있는 시내 중심가의 경우 밤에 불이 켜져 있는 큰 건물을 보기가 어렵다. IT의 메카라고 하는 뱅갈루루의 중심 MG 거리나 꼴까다의 금융거리, 델리의 CP에도 밤을 밝히는 건물은 거의 없다. 그러다 보니 시내 중심가라도 밤거리는 불안하고 다른 나라 대도시의 볼거리인 야경을 인도에서는 보기가 드물다.

인도에서는 되는 일도 없고 안 되는 일도 없다고 한다. 그렇기 때문에 인도인들이 일하는 것만 보고 미리 포기를 해서는 아니 된다. 포기하지 말고 인내를 가지고 기다리면 반드시 되는 나라가 인도이기도 하다. 아무리 작은 일이라도 여러 단계를 거치고 다양한 의견을 들어서 하게 된다. 우리에게는 사소한 것이지만 그들에게는 매우 중요한 것들이다.

첸나이 마리나 해변

　아직도 인도의 노동자들은 일을 신성시하지 않는 듯하다. 일을 함에 있어서 급하지 않고, 일보다는 삶의 여유를 더 중시하는 인도의 노동문화도 자본주의 문화가 확대되면서 하루가 다르게 변화되고 있는 모습을 사회의 여러 곳에서 볼 수 있다.

　어떤 나라가 잘사는가는 그 나라의 노동문화가 결정한다. 주어진 시간에 열심히 일하고 조직의 일을 내 일처럼 하는 우리의 노동문화는 우리나라 발전의 원동력이었다. 그러나 이제는 작은 삶의 여유를 위하여 변화가 필요한 시기가 아닌가 생각된다.

크리켓

인도는 100년이 넘는 올림픽 참가 역사에서 2008년에야 처음으로 개인종목에서 금메달을 따냈다. 11억 인구 규모를 가진 나라가 개인종목에서 올림픽 금메달을 처음 따내었다는 것은 우리의 시각에서는 생각할 수 없는 것이다. 우리가 열광하는 축구도 위성 TV로 중계하는 전국 대회라지만 잔디가 없는 구장에서 관중도 없이 경기를 한다. 그 수준이라고 하는 것이 우리의 고등학교 수준만큼도 안 되는 듯하다.

이러한 스포츠 불모지역에서 야구와 비슷하게 11명의 선수가 하는 크리켓(Cricket)은 인도의 유일한 스포츠라 할 수 있다. 인도 신문에는 매일 크리켓 관련 뉴스가 헤드라인 뉴스로 나오고, 위성 TV에는 크리켓 전용 방송이 있으며, 야후 인디아 등의 인터넷 포털에서도 크리켓이 메인 메뉴로 등장한다. 인도의 크리켓 산업의 매출은 전 세계 매출의 70~80%에 이를 정도로 커다란 산업이 되고 있다.

우리의 경우 기업인이나 정치인들과 교제를 하기 위해서 필요한 것 가운데 골프를 이야기한다. 인도인들과 거래를 하고자 하면 크리켓을 알아야 한다고 한다. 인도 학생들은 외국인들에게 꼭 한번은 크리켓을 아는가 하고 물어본다.

인도에서 크리켓의 영웅들 특히 2008년 인도 국가대표팀의 주장인 도니(Mahendra Singh Dhoni)와 같은 스타들은 총리 이상으로 매스컴의 조명을 받고 있다. 인도인들에게 크리켓은 종교이며, 정치이고, 애국심과 관련을 가진다. 인도 어느 곳을 가건 아이들이 공터에서 크리켓을 하는 것을 볼 수 있다. 꼴까다에 며칠 있는 동안 택시 기사들에게 유명한 관광지를 소개해 달라고 하니 인도에서 가장 오래된 크리켓 경기장인 에덴 가든(Eden Gardens)을 안내하여 주었다.

2007년 9월 남아프리카 공화국에서 열린 "The 2007 ICC World Twenty20"에서 인도가 파키스탄을 꺾고 우승을 하였을 때, 인도 전체는 흥분의 도가니에 휩싸였고, 이들이 귀국하는 모습은 모든 뉴스 채널에서 생중계를 하고, 수 주일간 개개 선수들의 고향 방문 등이 헤드라인 뉴스가 되었다.

영국의 국기인 크리켓은 18세기 영국 식민지 시대 상인들에 의하여 인도에 도입되었다. 크리켓은 오늘날 영국과 영연방국가 및 영연방 국가로 있었던 나라들에서 각광을 받고 있다. 초기 인도에 크리켓을 보급한 이유는 식민지 지배를 위한 수단으로 도입되었다. 특히 지배세력인 영국과 인도인 간의 유대를 창조하고 제국주의에 대한 충성을 이끌기 위한 수단으로 도입하였다.

이러한 크리켓에 인도인들이 하나의 국기처럼 열광하는 이유는 무엇인가? 인도의 경우 하키나 테니스 등의 스포츠가 있지만 크리켓 이외에는 스포츠가 발전되지 못하고 있다. 즐길 스포츠가 없는 것도 인도인들이 크리켓에 열광하는 이유이기도 하다.

실제 인도에서 스포츠 시설을 이용하는 인구가 전체에 5%에 지나지 않는다고 한다. 즉 열악한 시설로 직접 스포츠에 참여할 수 있는 기회가 없다 보니 자연히 유일한 스포츠라고 할 수 있는 크리켓을 볼 수밖에 없고, 열광하게 된 것이다.

크리켓은 비교적 단순하지만 많은 시간을 필요로 하는 스포츠이다. 하는 일이 없는 실업자나 자영업자들이 많은 인도의 사회 경제적인 상황이 크리켓에 관중을 모이게 한다. 다른 오락이 없는 상황에서 영화관에 몰리는 것과 같은 것으로 이해될 수 있다. 최근에는 TV 보급이 확대되면서 크리켓에 대한 관심을 더욱 증대시키고 있다.

인도인들이 크리켓에 열광하는 것은 크리켓이 부와 명예의 대명사가 되고 있는 것과도 무관하지 않다. 2005년 영화배우 사룩 칸(Shah Rukh Khan)은 1분에 247루피, 아미타 바찬(Amitabh Bachchan)은 361루피, 압둘 칼람 대통령은 1분에 1.14루피, 만모한 싱(Dr Manmohan Singh) 총리는 1분에 0.57루피를 받고 있다. 릴라이언스의 무케지 암바니(Mukesh Ambani) 회장은 세계 56위의 갑부이지만 1분에 413루피의 연봉을, 펩시콜라의 노우지(Indra Nooyi) 회장은 1분에 2,911루피를 벌어들였다. 그러나 크리켓 선수 텐둘카(Sachin Tendulkar)는 1분에 1,163루피를 벌어들인 것으로 알려지고 있다. 대표 팀 주장이던 도니는 2007년 그의 출신 주인 자르칸트에서 최고의 납세자가 되었다. 크리켓 스타는 사회적 명성 이외에 하루아침에 돈방석에 앉게 된다.

인도를 중심으로 파키스탄 및 방글라데시 국민들이 크리켓에 열광하는 이유는 국제적인 테스트 매치(Test Matches)가 민족주의와 연계되어 있다는 것도 하나의 이유이다. 우리가 축구경기에서 일본에 대하여 가지고 있는 감정과 유사하다고 보면 될 것 같다. 특히 크리켓 국제경기의 경우 인종주의적인 갈등은 항상 있게 되는 데 2008년의 경우에도 호주 선수들이 인도선수에게 인종주의적인 모욕을 주었다고 꽤나 신문의 기삿거리가 되었다.

독립 이후 지속되고 있는 인도와 파키스탄의 갈등은 크리켓에서도 그대로 나타나고 있다. 만약 경기에서 파키스탄에게 졌다고 하면 선수들은 모든 비난과 욕설을 감수하여야 한다. 집은 습격당하고 가족까지 위협을 당하기도 한다. 이러한 모습은 파키스탄의 경우도 마찬가지이다. 인도에 있는 무슬림에게 인도와 파키스탄 간의 크리켓 게임은 우승을 해도, 우승을 하지 못해도 종종 비난의 대상이 되기도 한다. 그 화살이 무슬림에게 쏠린다. 인도의 크리켓은 종교이고, 인도와 파키스탄의 크리켓 경기는 전쟁이다.

뭄바이 국가 대표 크리켓 팀 환영회

크리켓을 즐기는 인도인

사람과 자연

사람들은 열매를 맺는 나무에만 돌을 던진다.(W.G.베넘)

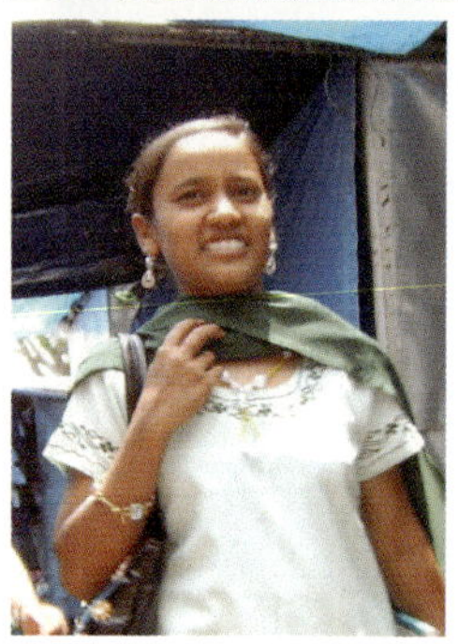

자연과 함께 하는 나라

　인도는 다양한 사람들이 함께 살아가기도 하지만 자연과 함께 살아가는 나라이다. 인도를 여행하는 사람들은 소가 대도시의 큰 거리를 활보하고, 자동차들이 소가 지나가기를 기다리는 모습을 보고 신기해한다. 델리나 대도시의 경우 최근에 소를 통제해서 많이 줄었다고는 하지만 아직도 소가 거리를 활보하는 모습을 심심치 않게 볼 수 있다. 인도인들은 그 소들을 지저분하고 냄새가 나도 내쫓기보다는 함께 살아간다. 자기 집 문 앞에서 똥을 누고 밤을 지새워도 개의치 않고 아침이면 우유, 과일, 짜파티를 가져다준다.

　인도에는 주인 없는 개들이 어느 곳에나 있다. 방치되고 있는 개들이 너무 많아서 한국으로 수출하면 어떤가 하는 우스갯소리가 나오기도 한다. 그 개들은 가끔 대학의 강의실에 와서 자기도 하고, 복잡한 시장 바닥의 길에 죽은 듯 누워 잔다. 유적지 건물에 연인들이 앉아 있으면 경비원들이 말을 하지만 개들이 더위를 피하여 누워 있으면 개의치 않는다.

　불교 유적지 보드가야를 가기 위해 거쳐야 하는 가야역에는 밤 열차를 타기 위해서 광장에 발 디딜 틈도 없이 사람들이 드러 누워 있다. 모포 한 장에 4명의 가족이 누워 있는 끝에 개도 함께 누워

있다. 집 없는 개들이 지저분하고 더럽지만 어느 누구도 그 개들을
내치거나 쫓는 사람은 없다. 사람도 개를 개의치 않듯이 개들도 사
람들을 개의치 않는다.

도로에서 잠자는 개

인도의 국조 공작

인도는 어느 곳에서나 원숭이를 볼 수가 있다. 바라나시의 원숭
이 사원에서는 하누만(Hanuman) 신인 원숭이가 주인이다. 원숭이
는 도심 내의 공원에도 있고, 주택가에도 있다. 문을 열어 놓고 있
으면 원숭이들이 방에 들어오는 것은 예삿일이 아니다. 유명 유적
지마다 비둘기 때문에 몸살을 앓고 있지만 사람들은 그 비둘기를
위해서 비싼 곡식을 가져다준다. 종종 동물에게 주는 먹이가 공해
가 될 정도이다.

인도인들이 이렇게 동물과 함께 살아가기 때문인지 인도의 많은
동물들은 사람을 무서워하지 않는다. 인도 어느 곳에나 나무가 있
으면 다람쥐들이 있다. 그 다람쥐도 사람들을 무서워하지 않는다.
우리의 산에서 귀하게 볼 수 있는 다람쥐와는 다르다. 델리와 같
은 대도시에도 공원이나 나무가 많은 곳이면 인도의 국조인 공작
새를 볼 수가 있다. 도심에 근접해 있는 꼴까타의 식물원에서는
우리의 동물원에서나 볼 수 있는 여우들이 돌아다닌다. 사막에서

낙타 사파리를 하게 되면 야생 낙타, 사슴, 여우와 같은 들짐승을
심심치 않게 볼 수가 있다.

공원의 원숭이

인도 서민들 집에 보면 방안에 도마뱀이 기어다닌다. 우리는 기
겁을 하지만 인도인들은 개의치 않는다. 도마뱀들이 베란다 천장에
있는 전등불 옆에서 옹기종기 모여서 산다. 밤에 불을 보고 날아
오는 날벌레를 잡아먹기 위해서다. 그 도마뱀을 쫓아내는 경우는
없다. 지방 관광지에 있는 작은 숙소에서 도마뱀이 있다고 소리를
치면 주인은 오히려 이상하다는 눈으로 바라본다.

지이살메르에 있는 한 자인교 사원 안에는 참새가 공양하는 쌀
을 먹으면서 살고 있다. 관광객이 와도 날아가지 않는다. 최근 들
어 인간의 욕망이나 돈 때문에 코끼리나 호랑이의 개체 수가 현저
하게 줄어들고 있음을 경고하기도 하지만 인도인들은 동물과 함께
살아가고 있다. 우리처럼 보신을 위해서 야생동물을 포획하고, 다
람쥐가 있으면 돌을 던지고, 지나가는 개가 있으면 겁을 주지 않
는 나라가 인도이다.

인도인들이 자연과 함께하고, 살아있는 생명체를 죽이지 않는

전통은 인도의 종교와 생활에서 내려오고 있다. 이들에 있어서 불살생(ahimsa)은 단순히 생명체를 살상하는 것을 금하는 것 이외에 살생의 마음을 가지거나 이를 불러일으키게 하는 말이나 행동까지도 살생의 범주에 포함시키고 있다는 데에서 다른 종교의 불살생의 신념과 구별된다고 할 수 있다. 우파니샤드(Upanishad)는 전 생애를 통하여 고행을 하고 성소를 제외한 곳에서 모든 동식물을 해치지 않은 사람은 브라만의 세계에 도달하여 다시 인간으로 돌아오지 않는다고 한다. 이러한 불살생의 신념은 특히 자이나교에서 극치를 달리고 있다. 자이나교는 다른 어느 종교보다 금욕과 불살생을 강조한다. 간디의 비폭력적 저항도 이러한 종교적 신념과 연계된 것이다.

인도를 여행하면서 부러운 것 가운데 하나가 나무들이 많이 있다는 것이다. 대도시의 경우 가로변에 있는 나무들로 주택이나 건물을 정확하게 보기가 어렵다. 특히 남인도의 경우 모든 것들이 울창한 야자나무나 열대림 속에 있다. 우리의 경우 청주시 입구의 플라타너스 터널이 볼거리고 자랑거리라 하지만 인도의 경우 몇십 년, 몇백 년씩 된 나무 터널을 전국 어느 곳에서나 볼 수가 있다. 인도는 우리처럼 전기나 전화선을 이유로 나무를 잘라내지 않는다. 많은 경우 제대로 자라도록 놓아둔다. 또한 가로나 공원에서 보면 작은 나무나 가로수를 소나 짐승으로부터 보호하기 위해서 철망이나 철조망으로 씌워서 보호를 하면서 나무하나를 소중히 여긴다.

델리의 경우 아직도 가난한 사람들은 나무로 불을 지펴서 음식을 만들어 먹는다. 인도에서 나무를 손상하는 것은 매우 중한 처벌의 대상이기도 하지만 가난한 사람들도 나무를 함부로 자르지 않는다. 나무를 하는 여인들은 항상 죽은 가지만을 모아서 가져간다.

　　가끔 돌을 캐기 위해서 돌산이 무너지고, 벽돌을 찍기 위해서 땅이 파헤쳐지고, 개발의 명목으로 자연이 훼손되는 모습이 보이기는 하지만 아직은 자연과 동물이 사람들이 함께 어울려 사는 나라가 인도인 듯하다.

ⓒ 정재현

소가 신인 나라

인도를 여행한 사람은 누구나 인도의 소에 대하여 이야기한다. 사람과 차가 다니는 대로변에 소가 누워 있고, 어디를 가나 소똥과 소 오줌 냄새가 진동하는 나라, 가난과 굶주림으로 죽어가면서도 쇠고기를 먹지 않고, 하루 종일 인도 여인들이 소똥과 생활하는 모습은 우리에게 있어서 이야깃거리가 안 될 수 없는 것이다.

대도시에서 소를 추방하는 정책을 써서 소가 많이 사라지고 있지만 아직도 대도시의 뒤쪽에는 소가 거리를 활보한다. 특히 자이살메르와 같은 작은 지방의 도시에서 소는 사람과 함께한다.

인도에서 소는 신이다. 소가 신인 나라 인도에서도 기원전에는 황소나 물소를 도살하여 제사에 사용하기도 하였다. 이런 소에 대한 숭배가 등장한 것은 아리안 족이 목축에서 농경문화로 정착하고, 불교와 자인교의 불살생 교리와 연계되면서 소 우상＝불살생＝채식주의의 새로운 문화가 만들어지게 되었다.

우리에게 있어서도 최근까지 소는 삶의 일부였으며, 생활에 가장 귀중한 자원이었다. 농경문화에서 소는 자본이었고, 근대화 이후에 농촌에서 자식을 서울로 유학을 보내는 데 소는 없어서는 안 되는 것이었다. 소가 한우가 되어서 먹거리의 재료가 된 것은 우리사회에서 얼마 안 된다.

힌두이즘에서 암소(Cow, 산스크리트에선 Go라 함)는 신이 준 최대의 선물 또는 여신, 신의 어머니 등으로 표현된다. 힌두교에서 소는 신성하고 성스러운 존재이다. 이에 대하여 어떤 사람들은 힌두교에서 소는 신성한 것이라기보다는 종교적인 터부(taboo)로 이해하는 사람도 있다.

마이소르 차문디 힐의 난디 상　　　　　ⓒ 정재현

인도의 농경사회에서 소는 경작의 중요한 수단이었고, 소의 부산물(우유, 커드(curds), 기 버터(ghee butter), 소 오줌과 소똥)은 삶에 있어서 중요한 에너지원이다. 소는 힌두교와 연계되어 비슈누의 화신인 크리슈나(Krsna)가 제사를 위해서 세상의 모든 소를 포획한 인드라로부터 풀어주는 이야기를 만들어 최고의 신과 동일한 위치로 승화시키고 있다.

전통적인 힌두교에서 소는 가족의 한 구성원으로 생각을 하여 한해의 추수가 끝나면 제일 먼저 암소에게 주고, 매일 아침 짓는 음식은 먼저 암소에게 가져다준다. 소의 5가지 부산물은 삶의 중요한 자원이며, 종교적으로는 고행과 뿌자(puja)라는 예식에 사용한다. 우유, 기, 커드는 중요한 식량원이 된다. 인도인들에게 기는 보신 식품처럼 생각하기도 한다. 빠니르나 스위트와 같은 인도의 많은 음식은 우유를 원료로 하는 것이다.

소똥(gobar)은 중요한 연료가 되고, 북부나 사막 지역에서는 집을 짓는 재료가 된다. 소똥은 힌두 예식에서 이마에 칠하는 틸락(tilak)으로 사용되기도 한다. 소 오줌은 불가촉천민과 접촉하거나 불가촉천민이 사원에 들어올 경우와 같이 부정 타는 것을 정화하기 위해서 사용된다. 마을 공동 우물에 개가 빠졌다거나 불가촉천민이 그 우물물을 먹었다고 하면 소 오줌을 넣어서 정화를 한다. 또한 소 오줌은 아유르베다에서 중요한 치료제가 되고 있다.

102

북인도 농촌의 소똥을 보관하는 모습

소는 카스트 제도와 연계되어 소를 죽이는 것은 브라만을 죽이는 것과 같은 것으로 보고 있고, 소를 팔아서 돈을 챙기는 것은 어머니를 팔아먹는 것과 같은 것으로 생각한다. 소를 기르는 것은 바이샤의 중요한 직업이며, 죽은 소를 처리하거나 가죽을 다루는 일은 오염된 일로 불가촉천민인 까마르(Camar) 등이 담당하는 데 이들은 불가촉천민 가운데에서도 가장 낮은 자띠에 속하게 된다.

이러한 소, 특히 암소 숭배 및 보호 사상은 정치와 연계되기도 한다. 힌두 정치인들은 무슬림들이 신성시하는 소고기를 먹는다는 것을 부각하여 선거에 활용하기도 한다. 최근 가장 큰 민족주의 힌두집단인 RSS(Rashtriya Swayamsevak Sangh)는 암소의 오줌으로 콜라와 같은 청량음료를 만들어서 판매하겠다는 계획을 발표하기도 하였다. 콜라와 같은 서양 음료에 대항하기 위한 민족주의적인 발상의 하나이다.

주로 대도시 등에 있는 소들은 먹을 것을 찾아서 쓰레기통이나 쓰레기장을 돌아다닌다. 이러한 환경으로 우유가 중금속에 오염되어 있을 위험이 있다고 해서 먹는 것에 대하여 조심할 것을 주장하기도 한다. 인도에서는 우리와 같은 테트라 팩에 담긴 우유를 구입하기가 쉽지 않다. 인도인들은 이러한 포장 우유가 신선하지 않다고 해서 선호하지 않는다. 인도에서는 아침마다 우유를 배달한다. 배달은 양철로 된 큰 우유통에 넣어서 배달하곤 하는 데 그 통에서 덜어서 준다. 한국인의 눈으로 보면 우유가 처리되어서 유통되는 것인지 의심스러운 경우가 많이 있다.

소를 숭배하니 인도에서 소고기를 먹는 것이 쉬운 일은 아니지만 어려운 일도 아니다. 10%가 넘는 무슬림이 있으니 육식주의 식당이나 뷔페식당에서 소고기를 먹을 수 있다. 인도에서 소고기는 양고기, 닭고기, 돼지고기에 비하여 싸지만 약간은 질기다. 또한 외국인들이 많이 사는 델리의 INA 바자르나 사르지니 바자르 등에서 소고기를 구입할 수 있고, 호주산과 같은 수입품도 있다.

내가 가르친 반에 무슬림 학생이 3명이 있는데 이들은 같이 작은 방을 구해서 자취를 하고 있었다. 인도에 온 지 얼마 안 되어서 이들이 소고기를 먹여주겠다면서 집으로 초대를 하였다. 이들이 내 놓은 것은 밥과 소고기 커리와 야채인데 소고기는 우리의 불고기와 비슷한 소스 맛을 보여주어서 먹는 데 문제는 없었다. 그렇지만 여행지 도시에 대한 정보가 부족한 경우에는 소고기를 먹는다는 것은 아직은 어려운 일인 듯하다. 또한 인도에서 소고기를 먹는 것은 어딘지 미안한 감을 감출 수 없기 때문에 소고기를 먹은 경우는 손에 꼽는다.

소의 나라 인도에서 소를 보면 소음 속에서 침묵을 볼 수 있고, 인내하는 인도인이 보이며, 해탈의 참모습을 보여주는 듯하다.

ⓒ 정재현

냄새로부터 자유로운 나라

인도 델리의 인디라 간디공항에 내리는 사람마다 공통적으로 이야기하는 것 가운데 하나가 그 매캐한 스모그 냄새를 이야기한다. 다른 지역보다 안개가 많은 델리의 경우 안개가 자욱하게 끼는 아침에는 그 스모그 냄새가 더욱 심하다. 내가 보기에는 스모그인데 학생들은 안개라고 한다.

델리의 경우 오토 릭샤와 시내버스의 연료를 CNG로 바꾼 뒤에 공기가 많이 깨끗해졌지만 최근에는 매일 1천 대씩 늘어나는 자동차로 과거와 같은 수준으로 돌아갔다고 한다. 그 심한 매연과 냄새에도 인도사람들은 문이 없는 오토 릭샤와 시내버스에 앉아서 잘도 간다.

도시 곳곳에 있는 사원에서는 하루 종일 향냄새가 나고 그 향냄새는 가게나 게스트 하우스 문 앞에서부터 난다. 인도는 전기가 불안정하여 정전이 자주 발생한다. 정전이라도 되면 모든 가게들이 발전기를 돌린다. 상가의 경우 한꺼번에 발전기를 돌리면 그 매연이 눈을 가리고 코를 짓누른다. 오히려 쇼핑객을 내 쫓는 일이다.

미국이나 선진국에 가서 한국인들은 마늘 냄새나 김치냄새가 날까 조심스러워하여야 한다. 그러나 냄새로부터 자유스러운 나라이니 게스트 하우스 안에서 청국장을 끓여서 먹어도 부담이 없고, 라면 냄새를 지우기 위해서 애쓰지 않아도 된다.

기찻길 옆의 화장실

인도는 나라 전체가 화장실이다. 장거리 기차 여행을 하다 보면 아침에 많은 사람들이 철길 주변으로 와서 큰 볼일을 보는 것을 볼 수 있다. 어린아이들은 기차가 지나가는 것을 보면서 볼일을 보고, 어른들은 엉덩이를 보이면서 볼일을 본다.

또한 기차의 화장실은 우리의 60~70년대와 같이 볼일을 보면 그대로 철로에 떨어지도록 되어 있다. 2008년 봄에는 라자스탄에서 산모가 기차 화장실에서 출산을 했는데 어린아이가 화장실 구멍으로 떨어져서 세계적인 화제가 된 적도 있었다. 그러다 보니 철길과 역의 플랫폼은 화장실이고 그 냄새로 항상 가득하다. 인도 사람들은 그 옆에서 담요 한 장을 깔고 잘도 잔다.

인도의 경우 날씨가 건조하고 채식을 주로 하니 육식과 항생제를 많이 먹는 우리나 서양 사람들보다는 큰 것의 냄새는 덜하다. 그러나 소변 냄새는 오히려 날씨 때문에 그 농도가 진해서 인지

참기가 더 힘들다.

인도의 경우 조금만 후미진 곳이 있으면 그곳은 남자들의 화장실이 된다. 후미지지 않더라도 앞만 가릴 수 있으면 장소를 가리지 않는다. 뒤는 문제가 되지 않는다. 도시에 있는 공중 화장실이라고 하는 것들도 앞만 가리도록 만들어 놓은 것이 많고, 그냥 옆의 하수구로 그대로 흘러들어간다.

장거리 버스 여행에서 들리는 휴게소에 화장실이 있지만 남자들은 들판에서 볼일을 보는 데 더 익숙하다. 건물 안에 있는 남자 화장실의 경우에도 소변이 파이프로 통하지 않고 바닥으로 떨어져서 한 곳으로 흐르도록 만들어 놓고 있다. 그러니 냄새가 없는 화장실이 있을 수가 없다. 나라 전체가 화장실이니 한국에서와 같이 공중화장실을 찾기 위해서 노력하고 참지 않아도 되는 자유를 가질 수 있는 나라가 인도다. 거리에 방뇨한다고 경범죄로 처벌받지 않을 자유가 있는 나라다. 인도에는 사람과 함께 짐승들이 항상 냄새를 같이한다. 거리에는 소들이 있고 소의 배설물이 있다. 공원에는 원숭이가 있고 집 없는 개들이 있고 배설물이 있다. 그리고 이것을 치우는 사람들이 있지만 하루 한번 치우는 것으로 해결될 일이 아니다. 그래서 어디를 가나 항상 짐승들의 배설물이 발에 치이고 냄새가 있다.

건조한 날씨 덕분에 사람이나 동물의 배설물이 부패하기 전에 말라서 냄새가 덜 나지만 냄새에 익숙하지 않은 사람들에게는 참기 어려운 것들이다. 그러나 인도의 가난한 아이들은 맨발로 그 위에서 논다. 많은 사람들은 슬리퍼를 신고 그 위를 자연스럽게 지나간다. 인도 사람들은 사람이나 짐승의 그것을 무서워하지도 더러워하지도 않는 듯하다. 인도의 경우 소와 원숭이는 신이다. 신의

기찻길이 화장실, 남인도 수로에 있는 수세식 화장실

배설물이나 그 냄새를 무서워하거나 더러워하지 않는 것은 당연한 것이 아닌가? 평야지역의 여인들은 하루 종일 소똥과 함께한다. 소똥을 개서 말리고, 집처럼 쌓아 놓고, 음식을 하기 위해서 그것을 사용한다. 생활이 냄새보다 중요한 것이다. 소의 배설물은 많은 인도인들에게 삶이고 때로는 신성한 것이다. 그 냄새는 다음 문제이다.

우리의 경우에도 70년대 이전까지 소가 중요한 자산인 시절이 있었다. 그 당시 우리도 소와 함께 살았다. 집안 마당에 소를 매어 놓았고, 부엌 옆에 소 외양간이 있었다. 그 당시 소가 없어서 고향을 떠난 사람은 있어도 그 냄새가 싫어서 시골을 떠난 사람은 없었다. 오히려 그 두엄냄새가 좋아서 고향을 다시 찾는 사람들도 있다. 그래서 가끔 인도는 한국의 30~40년 전의 향수를 느끼게 하는 고향의 냄새가 나는 곳이기도 하다.

소리로부터 자유로운 나라

인도를 처음 여행하는 사람들은 그 많은 사람과 소음으로 얼마간은 정신이 나간 듯이 여행을 하여야 한다. 델리, 뭄바이, 꼴까다와 같은 대도시는 말할 것도 없고, 바라나시, 자이뿌르 같은 북부의 모든 도시에서 여행자들은 그 거대한 사람의 물결과 소리에 압도당하게 된다.

그러나 인도는 소리로부터 자유스러운 나라이다. 인도 사람들은 크래커(cracker)라고 하는 폭죽을 매우 즐긴다. 인도의 폭죽은 불꽃보다는 소리가 큰 것이 특징이다. 인도 최대 명절 가운데 하나로 우리의 추석에 해당되는 디왈리(Diwali) 축제가 있다. 인도인들은 디왈리반 되면 집안에 페인트칠도 하고, 일 년 동안 모아두었던 금쪽같은 돈으로 세일 물건을 사는 데 전념을 한다. 그 디왈리 저녁에 돈 있는 사람이나 없는 사람이나 폭죽을 사서 밤새도록 터뜨린다. 5루피(약 120원)에서 1천 루피까지 하는 폭죽을 터뜨리면 지나가던 차도 멈추었다가 간다. 불평하는 사람이 없다.

돈 많은 사람들은 큰 박스로 몇 박스씩 구입해서 전 가족이 나와서 각종 폭죽을 터뜨리고, 구경하는 나 같은 외국인에게도 폭죽을 건네주면서 터뜨릴 기회를 주기도 한다. 부자일수록 더 많은 폭

디왈리 불꽃놀이

죽을 터뜨리고 더 큰 소리를 내는 폭죽을 터뜨린다. 디왈리 다음날 도시 전체는 화약 냄새가 코를 자극한다. 그래서 가끔 방송에서 폭죽 문화를 다시 생각하자는 캠페인을 하기도 한다. 폭죽은 디왈리에만 터뜨리지 않는다. 거의 10일간 진행되는 두셀라(Dussehra) 기간에도 하고, 각종 행사 때도 빠지지 않는다. 델리의 밤에 폭주소리가 없는 날이 없다.

인도에는 사이드미러가 없는 자동차들이 많이 있다. 있더라도 접어놓고 다니곤 한다. 그 대신 오토릭샤에서부터 타타 화물자동차까지 뒤에 "Please Horn" 이라는 글자가 있다. 클랙슨을 누르면 피해 주겠다는 것이다. 소리가 운전 시에 중요한 신호 수단이다 보니 클랙슨 소리도 각양각색이고 리듬도 있다. 밤에는 라이트로 한다. 우리의 경우 클랙슨을 울리고 라이트를 하이 빔으로 올렸다 내렸다 하면 앞에 가는 자동차가 서서 싸울 일이다.

　　차선이 없고 횡단보도가 없으니 안전을 위해 경적을 울릴 수밖에 없는 자동차 문화이다. 우리 같으면 소음을 단속해야 할 경찰차들이 시도 때도 없이 사이렌을 울리면서 다닌다. 앰버서더 차를 타고 다니는 고위 관리의 경우 지위가 낮으면 경광등만 번쩍이면서 다니지만 지위가 높으면 사이렌까지 울리며 달린다.

　　인도에서 시골 완행버스를 타면 시도 때도 없이 울리는 클랙슨 소리와 함께 볼륨을 최대로 키운 유행가를 들을 수 있다. 어느 누구도 그 소리가 크다고 불평하는 사람은 없다. 그곳에서 인도인들은 이야기를 잘도 한다. 우리의 60년대와 70년대 향수의 소리를 인도의 시골 완행버스 속에서 들을 수 있다.

　　인도의 결혼식 전야행사로 빼놓을 수 없는 것이 작게는 5~6인 많게는 15명 이상으로 된 밴드를 불러서 거리 행진을 하는 것이다. 부자일수록 밴드의 규모가 크고 규모가 크면 소리도 크다. 인도에서 소리는 부와 권력의 상징이다.

　　인도의 아침은 이슬람과 힌두 사원의 스피커 소리로 시작한다. 종교적 색채가 큰 도시일수록 사원들은 서로 경쟁이나 하듯이 경전 읽는 소리가 커지고 있다. 여행으로 늦잠을 즐기는 사람들에게는 신경 쓰이는 일이다. 내가 있는 게스트 하우스 옆에도 힌두 사원이 있는데 이곳도 동트기 전부터 스피커 소리를 키우고 있다.

그러나 인도의 시장에 가면 상인들이 손님을 부르는 소리는 크지 않다. 관광지에 가야 외국인을 부르는 소리를 가끔 들을 수 있다. 또한 그 많은 사람들이 있지만 서로 큰 소리로 싸우는 소리를 듣기는 쉽지 않다. 시장의 대부분의 소리는 자동차와 스피커, 현대문명의 소리들이다.

인도인들이 가장 선호하는 LG회사의 TV 볼륨은 우리와는 다르다. 우리나라의 경우 중간 정도까지는 되어야 큰 소리가 나지만 인도의 경우에는 눈금이 1~2개 정도만 되어도 우리의 중간 정도의 소리를 낸다. 소리로부터 자유스럽고, 큰 소리에 익숙한 인도인의 생활양식에 맞추어 현지화한 사례이다.

외국인들에게 소음으로 들리는 것들이 인도인들에게는 단지 소리일 뿐이다. 인도에서 소리에 민감하면 보아야 할 것을 보지 못하게 된다. 소음이 소리로 들리고 그 소리로부터 자유스러워야 인도를 제대로 볼 수 있다.

델리의 여름나기

인도에 간다고 하면 더운 곳에서 어떻게 살 것인지에 대하여 많은 걱정들을 한다. 그 걱정만큼이나 인도의 여름나기는 겨울나기보다 한국 사람들에게는 더 어렵다. 그래서 많은 한국 사람들이나 가족들은 여름 방학이 시작되면 한국으로 휴가를 간다. 한국의 여름이 인도보다는 지낼 만하기 때문이다.

델리의 본격적인 여름은 힌두의 대표적인 축제인 홀리(Holi)가 지나면서 찾아오게 된다. 대부분 3월에 있는 홀리는 봄의 축제라지만 기온으로 보면 여름이 시작된다고 할 수 있다. 델리의 경우 우스갯소리로 기온을 이야기할 때 2월은 20℃, 3월은 30℃, 4월은 40℃라고 하는 데, 델리의 기온은 이 우스갯소리와 같다고 할 수 있다.

여름철에 인도에 오는 한국 사람들은 밤 12경에 도착하지만 공항을 나오자마자 후끈거리는 온도와 매연으로 겁을 먹는다. 한밤이지만 한국의 열대야 온도가 지속되게 된다. 인도의 여름은 4월 말이 되면 40℃를 오르내리고 심하면 45℃까지 오른다. 기온이라고 하는 것이 40℃에서 1℃씩만 올라가도 체감되는 변화는 매우 크다. 더위는 몬순이 시작되는 6월 말이나 7월 초까지 지속된다. 그

러나 몬순이라고 하여도 더위를 간간히 식혀 줄뿐 35℃ 이상의 온
도가 10월 초까지는 지속되게 된다.

여름이 다가오면서 1~2월부터 흐드러지게 피었던 정원의 꽃들이 사라지고 그 푸른 잔디도 색을 바라게 된다. 델리의 여름은 낮은 습도로 생활을 더욱 어렵게 한다. 낮은 습도는 세탁물을 한 시간 정도 만에 말려주는 것 이외에 도움을 주지 않는다. 낮은 습도와 뜨거워진 대리석 바닥을 식히기 위해서 바닥에 물을 뿌리지만 심한 먼지로 건강에는 좋지 않다.

한여름 동안 델리에서 생활하기 위해서는 하루 종일 에어컨을 틀고 사는 방법밖에는 없다. 그러나 전기 사정이 좋지 않으니 정전이라도 되면 어찌할 방법이 없다. 더위를 식히기 위해서 샤워라도 하려면 뜨거워진 옥상의 물탱크에서 펄펄 끓는 물이 나와서 감당할 수가 없다. 그래서 물이 나오는 시간에 물을 받아놓는 것이 좋다.

습도가 낮은 상황에서 에어컨은 그 효능이 많이 떨어져서 몬순 전까지 이곳 사람들은 에어쿨러(aircooler)를 사용한다. 에어쿨러는 물이 담겨 있는 네모난 양철통에 팬이 달려있고 물을 끌어올리는 작은 모터가 있다. 이 모터로 물을 끌어올려서 양철통 벽면을 타고 내려오는 동안 팬이 돌게 된다. 이에 의하여 온도가 낮아지고 습도를 가진 공기를 방안으로 보내게 된다. 에어쿨러는 습도를 유지하고 전기료가 적게 들기 때문에 에어컨보다 더 많이 사용한다. 그러나 물이 떨어지지 않도록 매일 물을 보충하여야 하는 번거로움이 있다. 이 에어쿨러나 에어컨을 틀고 천정에 있는 팬을 돌리면 방안에서는 지낼 만하다. 그러나 이것도 가진 사람들만이 가질 수 있는 특권이다.

델리에서 여름을 보내는 가장 좋은 방법은 아주 더운 시간에는 낮잠을 자는 것이다. 이 시간에 반소매를 입고 모자도 없이 꺼리

여름을 알리는 시간의 정원

를 나간다면 화상을 입거나 머리가 어지러워서 1시간을 다니지 못할 것이다. 그래서 인도인들은 1시 이후 4시 정도까지 가게 문을 닫고 낮잠을 즐기는 경우가 많다. 이 시간에는 사람이나 릭샤도 많지 않고, 어슬렁거리는 소나 개도 그늘에서 가만히 오수를 즐긴다. 이러한 전통인지 에어컨 시설을 갖춘 동내 병원도 한여름에는 오전과 5시 이후에나 진료를 한다.

여름철만 되면 델리의 가진 사람들은 피서를 떠난다. 그 피서지로 가장 각광을 받는 곳이 히말라야 산맥이 있는 북쪽으로 가는 방법이다. 델리에서 가까운 다람살라나 조금은 먼 쉼라, 마날리, 레와 같은 곳은 높은 고지대에 있기 때문에 에어컨이나 방에 팬이 없이도 여름을 보낼 수 있을 정도로 시원하기 때문이다. 그러나 이 시기에 이곳으로 피서를 가기 위해서는 높은 비용을 감수하여야 할 것이다. 이러한 피서지로 뭄바이 등에서는 인도 중부를 가로지르는 데칸 고원도 인기가 높아지고 있다. 비교적 지대가 높아서 더위가 심하지 않은 뱅갈루루가 인도에서 가장 살기 좋은 도시로 사람들이 선호하고 IT 산업이 발달하였다.

우리의 경우 피서하면 바닷가를 생각한다. 인도의 경우에도 최근에 들어와서 바닷가 해수욕장들이 피서지로 각광을 받는 경향이 있지만 아직은 일반화되어 있지는 않다. 특히 여성의 경우 수영복을 입고 해수욕하는 것은 받아들이지 못하는 사회관습 때문에 피서지로 해수욕장이 인기는 없다. 고아를 중심으로 한 유명한 해수욕장의 경우 인도 여성들이 해수욕 하는 것을 볼 수 없다. 이곳에 오는 인도인들은 비키니 입은 외국인을 보기 위해서 오는 듯하다.

한여름 뜨거운 열기를 식히기 위해서 저녁만 되면 바닷가나 공원에 사람들이 몰려나오고 있다. 델리의 인디아 게이트 주변, 고아의 해변, 첸나이의 마리나 해변에 가면 가족이나 친구 단위로 몰려 나와서 더위를 식히고 있는 모습들은 가히 장관이라고 할 정도의 인파들이 몰려든다.

인도 여성들의 경우 뜨거운 여름이지만 그 햇볕을 가리기 위해서 양산을 쓰는 것을 거의 볼 수 없다. 온몸을 가리고 치렁치렁한 사리가 여름이면 벗어버리고 다니는 외국인들에게는 답답함을 보여주지만 부채 하나 없이 잘 지낸다. 그러나 유행인지 여름만 되면 선글라스를 쓰고 다니는 사람들을 많이 볼 수 있다.

인도인들은 한여름에도 찬 음료수보다 뜨거운 짜이를 마시면서 시간을 보낸다. 이열치열의 피서법을 지키고 있는 것이다. 최근에 들어와서 젊은 층이나 중산층을 중심으로 아이스크림, 냉커피나 찬 음료수의 소비가 늘고 있다고는 하지만 아직은 얼음과는 거리가 먼 생활을 하는 사람들이 인도인들이다.

여름철에 일은 가능한 오전에 보도록 하고, 밖에 나가고자 하면, 긴소매 옷을 입고, 모자를 쓰고, 얼굴에 선크림을 바르고 가는 수고를 아끼지 않아야 한다. 인도사람처럼 생활하겠다고 짧은 옷에 모자도 없이 나다닌 결과는 검게 탄 얼굴과 피부가 벗겨지는 팔과 기미와 주근깨뿐이다.

남쪽부터 시작된 몬순이 델리에는 6월 중순부터 시작된다. 델리는 낮보다는 밤에 비가 많이 온다. 인도의 비는 우리처럼 주룩주룩 내리는 법이 없다. 요란하게 내린다. 비만 오려면 천지가 검게 되고 심한 바람이 분다. 그리고 천둥과 번개는 항상 동반된다. 그래서 비만 한번 오고 나면 지붕 위의 안테나가 고장이 나서 A/S를 부탁할 수밖에 없다. 장맛비는 그 뜨거운 열기를 식히지만, 그래도 온도는 35℃를 내려가지 않는다. 비는 잠시만이라도 델리의 그 심한 먼지로부터 해방될 수 있는 기쁨을 준다.

몬순은 여러 면에서 여름과는 다르다. 먼저 높은 습도로 세탁물은 하루가 지나도 물기가 그대로 있다. 그래서 세탁물을 말리기 위해서 외출 시 실링팬을 틀어놓고 세탁물을 그 아래에 두고 나가게 된다. 그리고 습도를 내보내는 에어쿨러보다는 에어컨이 더 큰 효력을 내게 된다.

우리의 경우 비만 오면 사람들이 먼저 우산을 펴지만 인도인들은 우산을 쓰는 법이 거의 없다. 비를 그대로 맞는다. 그것은 오토릭샤나 유리창이 없는 시내버스의 경우에도 마찬가지이다. 인도인들이 우산을 쓰지 않으니 한국에서 가지고 간 우산을 한 번도 사용하지 않았다. 그래서 귀국할 때 인도 학생에게 주고 왔다. 그 학생도 얼마나 사용할지는 모르겠다. 유리창이 없는 시골 버스의 경우 비가 올 때를 대비해서 덧문을 가지고 있는 경우도 있다. 꼴가다의 인력거는 비가 오면 왈라는 비를 맞지만 손님을 위해서 우비를 준비하고 있다.

　인도의 더위는 인도를 상징한다. 이러한 더위는 인도의 생활과 관습 및 인도인들의 인내를 기른 요인이 되고 있다. 많은 경우 인도는 철학과 종교의 나라라고 한다. 가만히 앉아서 하는 명상과 좌선, 요가 등이 발전한 것도 더운 날씨 덕분에 만들어진 산물이 아닌가 하는 생각을 하여 보았다. 인도인들은 이 더위를 받아들이고 인내로 견디어 내는 듯하다. 인도의 더위는 극복해야 할 것이기보다는 받아들여야 할 것이다.

고아의 남부해변가

델리의 겨울나기

　1월에 중인도에 있는 아잔타 석굴에 올라가니 석굴 벽면에 있는 온도계가 49℃를 보여 주고 있었다. 사시사철 20도를 넘는 중부나 남인도를 제외하고는 인도에도 겨울은 있다. 델리의 겨울은 12월부터 2월 초의 기간이라고 할 수 있다. 인도의 대표적인 명절인 디왈리가 지나고 나면 우리의 가을이라고 할 수 있는 시간이 왔다가는 언제 가는지 모르게 지나가고 겨울이 찾아온다. 겨울에 가장 낮은 날의 온도는 2℃에서 3℃까지 내려간다. 2008년 초에는 델리의 온도가 0℃까지 내려갔다. 인도 북부에 한파가 밀려오자 북부의 초등학교들이 휴교를 하기도 하였다.

　델리에 겨울이 찾아오면 먼저 나무와 잡초들의 푸른색을 잃어버리게 된다. 추운 날 아침 바람이라도 불면 체감 온도는 더욱 떨어져서 몸과 마음이 더욱 움츠러들게 된다. 내가 머물고 있는 게스트 하우스 주변에 있는 원숭이 공원의 원숭이들도 추운 날에는 어디에 있는지 볼 수가 없다. 보통 때 같으면 산책길에 산책 나온 사람들이 나누어주는 먹이를 먹기 위해서 이리 뛰고 저리 뛰고 난리를 피우지만 추운 날 아침에는 원숭이도 움츠리고 몸을 사리고 있다.

　특히 주먹만 한 어린 새끼들이 추위에 오돌오돌 떨고 있는 것을 보노라면 애처롭기도 하다.

델리의 겨울은 안개와 함께 온다. 도시 전체에 내려앉는 안개는 아침저녁으로 도시를 더욱 을씨년스럽게 만든다. 안개가 심한 날에는 정오가 지나도록 도시는 안개에 싸인다. 그 안개는 저녁에도 내려서 비행기는 연착하고 취소되는 것이 다반사이다. 이때부터 2월 말까지 한국에서 오는 비행기 시간도 새벽 2시로 늦어지게 된다. 대부분 국제선 비행기가 안개 때문에 밤 12시에 몰리다 보니 국제공항은 항상 사람들로 부쩍거린다.

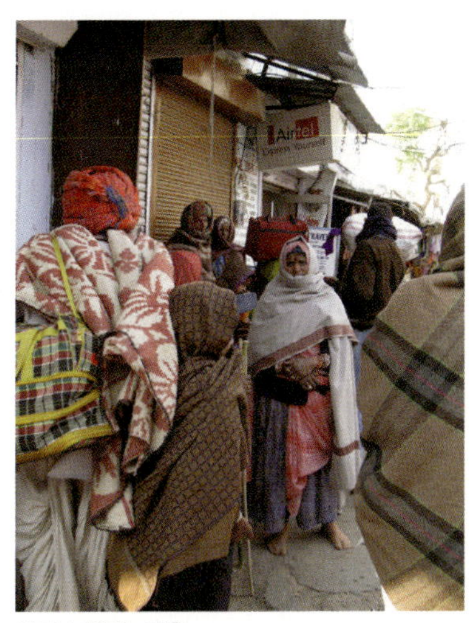

라자스탄의 겨울

델리에 겨울이 왔다는 것은 지하철인 메트로의 에어컨이 나오지 않는 것을 보고 알 수 있다. 반대로 에어컨을 틀면 여름이 오고 있구나 생각하면 된다. 겨울을 알리는 또 하나의 소리는 학생들의 기침소리에서 들을 수 있다. 아침에 5℃ 이하로 내려가는 기온이 한낮에는 대부분 15℃ 이상 된다. 일교차가 10℃ 이상이 되고, 짙은 안개, 건조한 기후와 먼지로 대부분 사람들이 천식성 기침을 한다. 이 시기 수업은 학생들의 기침 소리로 지장을 받을 정도이다.

인도의 경우에는 집에 난방의 개념이 없다. 별이 몇 개씩 되는 호텔을 제외하고 난방 시설이 되어 있는 경우는 거의 없다. 주로 여름을 대비하여 대부분의 집들은 북향으로 짓고, 더운 공기가 들어오지 못하도록 창문도 작게 만들고 있다. 집안의 바닥은 시멘트나 대리석으로 바닥을 만드는 데, 대리석 바닥은 여름을 제외하고는 항상 맨발로 있기에는 섬뜩하고 겨울에는 꼭 얼음장과 같다.

난방 시설이 되어 있지 않은 상태에서 겨울을 나는 방법은 옷을 입거나 따뜻한 햇볕을 찾는 방법밖에 없다. 시장이나 빈민촌에서는 밤이나 새벽에 군데군데 불을 지피고 옹기종기 모여 추위를 녹이는 모습들을 자주 보게 된다. 추운 날 아침, 밤 동안 움츠러든 몸을 녹이는 방법은 간단한 아침 산책과 뜨거운 물로 샤워하고 뜨거운 짜이 한잔을 마시는 것이다.

인도의 겨울이 춥고, 난방이 안 되는 것을 보고 한국의 보일러 회사가 인도에서 보일러를 팔려고 하였지만 실패하였다고 한다. 2～3달 추운 계절을 위해서 집을 수리하고, 난방을 위해서 기름이나 전기를 사용하는 것을 인도인들은 낭비라고 생각한다. 인도인들에게 겨울은 그럭저럭 지내면 되는 계절이고 작은 인내로 버티는 계절인 듯하다.

겨울이지만 델리의 의상을 보면 4계절이 함께 있는 것을 볼 수 있다. 특히 서양에서 온 친구들은 반바지에 반소매로 거리를 다닌다. 인도의 빈민가 아이들이나 어른들은 여름과 같은 옷을 입고, 맨발로 다니는 것을 볼 수 있다. 겨울이라도 여성들은 사철 입는 사리에 가디건이나 숄을 거치는 정도이다. 그러다 보니 겨울에도 배꼽이 나오는 모습을 자주 보게 된다.

그러나 남자들이 더 추위를 타는 듯하다. 거의 모든 남자들은 목도리를 두르고 다닌다. 목도리는 거의 필수이다. 목도리는 단지 목만 가리는 것이 아니고 추운 아침이면 머리와 귀를 가린다. 목도리를 하지 않는 사람들은 숄을 어깨에 쓰고 다니거나 머리까지 뒤집어쓰고 다닌다. 때로 사람들은 모포를 쓰고 다니기도 한다. 그 숄은 기차를 기다리는 지루한 시간에는 바닥에 깔거나 덮고 잔다.

숄이 인도에서만큼 다양하게 사용되는 나라는 없는 듯하다.

추운 날 밖에 나가면 자전거나 오토바이를 탄 사람들이 목도리, 모자, 숄로 감싸서 눈만 내놓고 다니는 사람들을 볼 수 있다. 특히 찬바람을 맞으면서 달리는 오토 릭샤의 운전수나 그 뒤에 탄 승객은 고통일 수밖에 없다.

또한 추운 겨울 집안이나 밖에 외출할 때 자주 사용하는 것이 모자다. 그것도 러시아 사람들이 쓰는 털모자를 자주 이용한다. 겨울이 되면 속내의를 입는 사람도 많이 있다. 아침에는 게스트 하우스에서 속내의만 입고서 돌아다니는 사람도 있다. 장갑을 끼고 다니는 사람도 많이 볼 수 있다. 나도 겨울내 한국에서 가지고 간 오리털 점퍼로 살았다.

최근에 중산층이 많아지면서 가죽점퍼를 입은 사람들을 많이 볼 수 있다. 가죽옷이 많이 생산되는지 델리 남쪽에 가면 러시아인들이 가죽옷을 구입하기 위해서 많이 오는 가게도 있다. 그러나 소가죽은 인기가 없다.

델리에서 한국 사람이 사는 데 꼭 필요한 것은 전기담요다. 전기담요 없이 겨울 한철을 버틴다는 것은 온돌 문화에 익숙한 한국 사람들에게 고역일 수밖에 없다. 그러나 인도에서는 전기담요를 구입할 수 없기 때문에 겨울을 나야 하는 한국인에게는 고추장이나 김치만큼 요긴한 것이 전기담요이다.

추운 계절을 보내기 위해서 인도인들도 난방을 위해서 온풍기를 사용한다. 그러나 건조한 날씨에 뜨거운 온풍기를 켜놓게 되면 방안은 더욱 건조하기 마련이다. 그러므로 자기 전에 세탁을 해서 빨래를 방안에 걸어놓고 자는 것이 가장 좋은 방법이다. 온풍기를 직접 몸에 닿게 하기보다는 벽을 향하도록 하여 간접적으로 난방을 하는 것이 좋다. 최근에는 이러한 온풍기 대신에 우리와 같은 할로겐 온열기가 시중에서 많이 팔리고 있다.

그러나 인도인들은 한겨울에도 천장에 있는 팬을 자주 돌린다. 우리에게는 추위를 키우는 것이지만 인도인들에게는 꼭 막힌 방안의 공기를 순환시켜서 답답함을 극복하기 위한 것처럼 보인다.

인도인들은 한여름에는 방문을 꼭 닫아 뜨거운 열기를 피하지만 겨울에는 오히려 밖에서 생활한다. 겨울철에 여행을 하다 보면 많은 사람들이 햇볕이 드는 집 앞에 의자를 놓고 앉아 있는 모습을 볼 수 있다. 인도 서민들에게 따뜻한 햇볕은 겨울을 나는 유일한 동반자이다.

겨울 아침 공원

인도 델리의 봄은 언제 왔는지 언제 가는지 모른다. 더운 나라 인도에도 봄에는 공원에 꽃이 만발하고 낙엽이 눈 오듯이 지면서 새로운 싹을 피운다. 이 봄을 마감하고 여름을 알리는 축제인 홀리(Holi)가 지난 3월 22일 있었다. 이번에는 21일이 부활절 국가 공휴일과 이어져서 3일간이 축제 기간이었다. 홀리는 우리의 추석에 해당하는 디왈리(Diwali)와 함께 인도의 대표적인 축제이다. 지역에 따라서는 약 일주일간 열리기도 하지만 공식적으로는 하루를 국가적인 공휴일로 지정되어 있다.

인도의 축제 가운데 가장 격렬한 축제인 홀리는 다양한 종교적인 기원을 가지고 있다. 힌두신인 크리쉬나가 물감을 던지면서 놀았다는 이야기, 악마인 홀리카와 관련된 신화, 사랑의 신인 카마데바와 관련된 신화가 그 기원을 이야기할 때 등장한다.

그러나 일반인들에게는 이러한 종교적 의미보다는 놀이와 축제의 의미가 큰 것 같다. 홀리는 색의 축제이다. 지역에 따라서 악마인 홀리카를 불에 태우기 위한 불 의식이 있다고 하나 도시에서는 보기가 드물다. 홀리는 지역마다 차이가 있지만 공통적인 것은 색의 축제라는 것이다. 축제에는 봄에 새롭게 나온 허브 잎으로 만든 빨강, 초록, 노랑 물감이 주로 사용되지만 최근에는 유해한 화학제품이 많다고 환경단체에서 경고도 한다. 색은 가루나 크림 형태 또는 물총에 넣어서 머리에 뿌리거나 이마나 얼굴에 서로 칠하면서 즐긴다.

홀리에 사용하는 물감들   ⓒ 정재현

델리의 경우 홀리 약 일주일 전부터 짓궂은 아이들이 지나가는 행인에게 물풍선을 던지거나 물총을 쏘고 도망가곤 한다. 이때부터 사람들은 홀리가 다가오고 있음을 알고 이들의 표적이 되는 젊은 여성들은 조심을 한다. 홀리 몇 일전부터 TV에도 3색 물감이 계속 뿌려지는 작은 동영상이 나타난다.

홀리 첫날 아침산책을 하는 공원에서 많은 사람들이 색 크림이나 색 가루를 가지고 와서 서로의 머리에 뿌리거나 이마에 칠해주고 껴안으면서 덕담을 나누는 것을 볼 수 있다. 어른 손에 이끌려 나온 아이들도 이마와 얼굴에 빨강 초록색 칠을 하고 나온다. 산책에서 돌아오니 게스트하우스 직원이 방으로 와서 이마에 빨간

색 물감을 칠해주고 가면서 해피 홀리라고 한다. 365일 거의 휴식이 없는 게스트 하우스 직원들이지만 이날은 거의 출근을 하지 않았다. 오후가 되니 근처에 있는 남자 대학원생 기숙사가 떠나갈 듯 시끄럽다. 삼색 물감으로 뒤집어쓴 학생들이 광란에 가깝게 소리치고 뛰어다닌다.

거리 곳곳에는 색 가루가 널려 있고, 거리를 다니는 사람들의 머리, 얼굴, 옷은 삼색의 원색이 혼합되어 회색으로 변해 있다. 지나가는 버스에도 물풍선 자국이 있고 운전수의 하얀 옷은 온통 붉게 물들어 있다. 휴일이지만 대학에는 연인들이 나와서 서로의 얼굴에 색칠을 해주는 것을 간간히 볼 수 있었다.

TV에서는 인도 제1의 지도자라고 하는 소니아 간디의 색칠한 얼굴이 비치고, 빈민가의 어린이도 물감을 뒤집어쓰고 뛰어다닌다. 흰색 자동차도 빨강, 초록, 노란색 물풍선을 맞은 자국이 선명하다. TV 리포터나 출연자들은 물감으로 뒤집어 쓴 얼굴과 물감으로 얼룩

축제의 아이들

진 옷을 입고 방송을 한다. 어떤 지역에서는 소방호스로 모인 사람들에게 물감을 탄 물을 뿌리기도 한다. 홀리 축제일에 델리의 지하철은 운행을 하지 않았다. 사람들이 물감을 뿌려서 지하철이 더럽혀질까 우려하여 운행을 정지하였다고 한다.

힌두의 여신

오전에 근처의 작은 마을 공원에 가니 남녀노소 모두가 모여 전통악기 반주에 맞추어 노래하고 춤을 추고 있었다. 그 와중에 어른·아이 할 것 없이 색 가루를 뿌리고 물총을 쏘아 댄다. 얼굴이 성한 사람이 없고, 옷이 물들지 않은 사람이 없다. 얼굴에 물감이 없고 옷이 물들지 않은 것이 비정상이다. 일반적인 눈으로 보면 광란에 가까운 모습들이다. 이를 더욱 부추기기 위해서 축제 때에 대마초를 섞은 탄다이(thandai)라는 음료를 마시기도 한단다.

이날은 옷이 더러워진다고 투정부리는 날이 아니고, 얼굴이 지저분해진다고 화낼 일이 아니다. 옷 한 벌은 버리는 날이고 일상의 틀로부터 해방되어 무조건 놀고 즐기는 날인 듯하다. 우리의 추석이나 설과 같이 조상에게 제사를 지내야 하는 의무가 있는 날도 아니다. 그냥 즐기고 노는, 말 그대로 축제의 날이다. 특히 억압받는 부녀자나 삶에 찌든 가난한 사람들에게 일상의 모든 것을 토해내는 날이다. 홀리는 회색의 도시 델리에 색을 입히는 날이고 가진 것이 없는 사람들을 일상으로부터 해방시키는 날이다. 술을 마시지 않아도 한순간 미친 듯이 춤을 추고 노는 인도인을 볼 때 진정 놀 줄 아는 사람들이라는 생각도 든다. 가식으로 뒤집어쓴 인간의 모든 것을 버릴 수 있는 인도의 축제에서 지역경제 활성화란 명분으로 만들어진 우리의 축제가 가야 할 방향을 볼 수 있다.

힌두의 사두　　　　　　　　　　　ⓒ 정재현

또 다른 인도 - 남인도

남인도는 인도에 또 다른 인도이다. 델리에서 4시간을 비행하여 내린 코친은 고아와 함께 인도 속의 또 다른 문명 기독교 문명을 만날 수 있게 해준다. 남인도의 기독교는 힌두와 만나 힌두식 기독교 문화를 형성하였다. 남인도는 중국문명을 볼 수 있고, 오래된 일본문명과, 인도의 해양문화를 접할 수 있는 곳이다.

남인도의 께랄라 주는 인도에서 사회적으로 가장 발전한 지역으로 지역발전을 논의할 때 가장 가난한 비하르 주와 비교되는 지역이다. 1970년대까지만 하더라도 우리보다 경제와 생활수준, 평균수명 등에서 앞선 지역이었다. 무엇보다도 심한 인도의 사회적 차별이 가장 낮은 지역이기도 하다. 혹자는 공산주의 및 사회주의적인 지역의 정치적인 특성과 기독교 문화로 이러한 특성을 설명하기도 한다.

남인도 지역의 사람들은 흑인보다 더 검은 얼굴을 하고 있지만 다른 지역에서 볼 수 없는 인도인들의 친절을 경험할 수 있는 지역이기도 하다. 꼴람, 뱅갈루루, 트리밴드럼의 오토릭샤의 왈라들은 처음 계약한 관광지보다 더 많은 것을 보여주었다. 그러고도 팁을 더 요구하지도 않는다.

남인도 수로

마이소르 궁전

　무엇보다도 인도를 여행하면서 유일하게 오토 릭샤의 요금을 미터기 요금대로 낼 수 있어서 요금 시비를 하지 않아도 되는 즐거움을 가질 수 있는 곳이 남인도이다. 터미널에 내리면 끈질기게 붙는

택시 기사나 왈라들의 극성도 웃음으로 대신 할 수 있는 곳이다.

남인도의 여자들은 사리를 머리까지 쓰지 않는다. 집에서는 간편한 청바지와 티셔츠를 주로 입고 있었다. 그래도 홈스테이하는 집에서는 여자가 있지만 얼굴도 보여주지 않는다. 인도의 북쪽 지역에서는 여자가 물건을 파는 것은 보기 어렵다. 현대식 슈퍼마켓이나 여성 화장품을 파는 곳의 점원으로 여자가 가끔 있을 뿐이다. 그러나 남인도에서는 기념품점에서도 볼 수가 있다. 빤찜에서 인도에서 처음으로 여자가 종아리를 내어 놓은 치마를 입은 모습을 볼 수 있었다. 남인도의 여자들은 머리에 꽃을 꽂는다. 아침마다 새롭게 장식한 꽃을 꽂으니 버스에서 여자 뒤에 앉으면 그 향기가 인도의 지저분함을 쫓아버린다.

남인도 사람들은 북인도와는 달리 온순하고 신사적인 면을 볼 수 있다. 지역을 운행하는 1일 관광버스의 고객은 대부분 현지의 가족단위 관광객이 주를 이루고 있다. 그러나 이들은 버스를 타고 가는 동안 큰소리 한번 내지 않고 여행을 즐긴다. 마이소르에서는 5명이나 되는 아이들을 데리고 시골에서 온 가족과 여행을 하였지만 아이들이 하루 종일 보채거나 큰 소리 내는 것을 듣지 못하였다. 짧은 시간 동안에 많은 곳을 다니는 일정이지만 출발시간을 지키지 않고 늦은 사람들을 한 번도 보지 못하였다. 남인도의 발전은 도로에서 볼 수 있다. 시골을 다니는 도로는 대부분 깨끗하게 포장되어 있고, 차들도 난폭 운전을 하지 않는다. 께랄라나 타밀나두의 도시나 시골이나 가장 눈에 띄는 것 가운데 하나가 약방과 현대식의 학교들이 많다는 것이다.

인도의 땅끝 마을인 꺄야꾸마르에서 비베카난다 동상이 있는 섬까지는 10분도 걸리지 않는 거리이지만 구명조끼를 착용하지 않으

인도의 땅끝 마을 깐야꾸마르

면 출발을 하지 않는다. 철저한 안전의식을 볼 수 있는 곳이다. 바라나시나 다른 지역의 관광과는 다른 모습을 볼 수 있다.

남인도는 북쪽의 삭막한 자연과는 다른 모습을 보여준다. 특히 8시간의 동안 알람뿌자에서 꼴람까지의 수로여행은 물이 귀한 인도에서 물을 원 없이 볼 수 있었고, 끝없이 펼쳐지는 야자수는 여행자에게 새로운 안식을 줄 수 있는 곳이다. 넓어졌다 좁아졌다하는 수로와 물끼지 잎이 늘어진 야자나무, 배가 지나가는 것을 무심히 보는 어른과 손을 흔들어 주는 어린아이들의 모습은 인도의 다른 지역에서 볼 수 없는 평온함을 보여준다.

흰색의 깨끗한 교회와 강둑을 걷는 여인의 화려한 사리, 가끔 만나는 가마우지의 고기 잡는 모습은 물망초로 덮어진 강물과 함께 자유스러움을 준다. 그리고 티타임이라면서 잠시 휴식하는 곳에서 맛볼 수 있는 짜이 맛은 지루할 수도 있는 수로 여행에 잠시 색다른 휴식을 준다.

코친에서 본 중국식 어망이 많아지고, 그 넓은 아라비아 해가
보이고, 하늘을 붉게 물들이는 석양을 볼 때쯤 하여 목적지에 다
다르게 된다. 남인도는 자연과 사람이 다른 지역과 다르다. 인도
속의 다른 인도를 보여주는 곳이다.

고아의 석양   ⓒ 정재현

먹거리와 마실 것

나는 물처럼 왔고 바람처럼 간다.(E. 피츠제럴드)

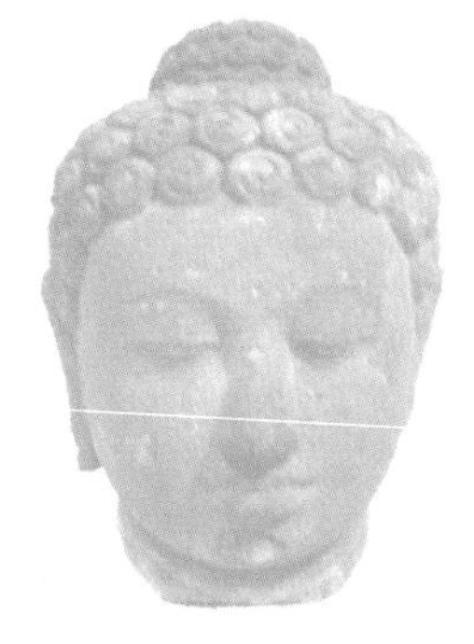

손으로 먹기

한국사람들은 손으로 쌈을 싸서 먹으면서 손으로 음식을 먹는 인도 사람들을 이상하게 생각한다. 음식의 종류에 따라서 다르지만 약 반 정도는 수저를 사용하고 반 정도는 손으로 먹는 듯하였다. 아주 보수적인 브라만 계층을 제외하고는 중상류층의 경우 수저를 사용하는 빈도가 높은 듯하다. 인도의 대표적인 음식인 차파티나 난을 먹기 위해서는 포크나 수저를 사용할 필요가 없다. 서양의 빵과 같이 손으로 잘라서 먹는 것이 일반적이다. 짜빠티 먹는 것이 익숙하지 않은 내 경우에는 두 손을 사용하여 먹지만 인도인들은 한 손으로도 잘 잘라서 먹는다. 차빠티, 난, 로티 등은 달이나 사브지 등을 찍어서 먹으니 수저를 사용하지 않는 것이 편하다.

문제는 밥인 라이스를 먹을 경우 오른손을 사용하여 식사를 한다. 본래 손으로 식사를 할 경우 손가락의 첫마디를 넘지 말아야 한다. 라이스에 달, 커리, 사브지와 같은 것을 비벼서 먹게 되는데 손으로 비벼서 꼭꼭 뭉쳐서 잘도 먹는다. 이들은 손으로 식사하면서 음식의 온도와 감촉과 같은 손맛을 느끼니 단지 입으로만 먹는 우리보다는 음식의 맛을 더 잘 즐길 수 있을 것이다. 우리의 장아찌라고 할 수 있는 각종 피클을 조금씩 떼어서 손가락까지 빨

여행지에서의 가족의 식사

아 먹는 모습은 가히 식도락가들이라고 할 수 있다.

인도와 우리의 음식 문화 가운데에서 가장 큰 차이를 보이는 것은 인도의 경우 모든 음식이 뷔페식으로 요리를 자기 접시에 따로 담아서 먹는다. 우리의 찌개나 반찬과 같이 공동으로 먹는 경우가 없다.

그러다 보니 우리의 한정식이라고 할 수 있는 탈리는 군대식의 식판에 담아서 주는 경우가 많다. 그렇지만 학생들의 경우 하나를 시켜서 같이 먹는 경우도 종종 있다.

인도에서 손으로 먹는 것에 대하여 걱정하지 않아도 될 것은 길거리 음식을 먹을 경우를 제외하고는 크건 작건 모든 음식점에는 손을 닦는 곳이 준비되어 있어서 먹기 전에 닦고, 먹고 난 뒤에 닦을 수 있도록 되어 있다. 어떤 면에서 보면 우리보다 더 위생적이지 않나 하는 생각도 하여 본다.

# 채식주의자

인도인들과 식사를 할 경우에 항상 기억하여야 하는 것이 채식주의자 (vegetarian)인지 채식주의자가 아닌지(Non-vegetarian)에 대하여 신경을 써야 한다. 채식주의는 힌두교와 연계를 가진다. 특히 채식주의자들은 카스트의 최상위 계층인 브라만인 경우가 많다. 반면에 전투 계급이라고 할 수 있는 크샤트리아는 대부분 육식을 한다. 채식주의자들도 마늘이나 양파를 먹는 사람, 먹지 않는 사람 다양하다.

그러나 최근에는 채식주의자가 줄어들고 있다고 한다. 한 조사에 의하면 인도의 경우 순수 채식주의자는 약 30%, 달걀 정도를 먹는 채식주의자는 10%이고, 나머지 60%는 육식주의자라고 한다. 실제 내가 알고 있던 학생들 가운데에서 여학생을 제외하고 남학생이 순수 채식주의자인 경우는 손에 꼽았다. 최근 맥도널드나 니룰라와 같은 패스트푸드점이 많이 늘어나고 있는데, 이곳에서도 소고기 햄버거는 팔지 않는다. 커리 냄새가 나는 야채나 닭고기 햄버거만 먹을 수 있다.

인도인들은 자신이 어느 카스트에 속한다고 말하지 않는다. 그렇지만 자신이 높은 계급임을 은연중에 보여주고 싶어 한다. 이를 간접적으로 보여주는 것이 자신이 채식주의자라는 것을 강조하는 것이다. 학생들과 식사를 하거나 패스트푸드점에서 스낵을 먹을 경우에 학생마다 주문이 다르다. 그러나 채식주의자라고 육식주의자와 같은 식탁에서 음식을 먹지 않는 것은 아니다. 같이 먹는다.

내가 있던 게스트 하우스에서는 매일 아침 점심과 저녁을 예약한다. 예약을 할 때 채식과 육식을 구분하게 되는 데 Vegi와 Non-Vegi를 구분하여야 한다. 그러나 게스트하우스에 오는 인도인들의 90% 이상이 채식중심으로 먹는다. 이러하니 나 혼자서 Non-Vegi를 먹는다는 것은 썩 마음에 내키지 않고, Non-Vegi를 시키게 되면 혼자서 먹어야 되기 때문에 한 번도 Non-Vegi를 예약하지 못하였다. Non-Vegi는 Vegi보다 80루피를 더 받고 머튼, 치킨 및 생선 커리를 준다. 대신 일주일에 한번 정도 티베트 식당이나 중국음식을 하는 식당에 가서 돼지고기나 닭고기를 먹곤 하였다.

힌두교 다음으로 많은 무슬림들은 돼지고기를 제외한 육식을 먹는다. 무슬림 식당의 경우 닭고기와 양고기 이외에 소고기도 먹지만 소고기를 먹을 수 있는 식당은 그리 흔하지 않다. 문화적으로 서로 조심한다.

북동부의 부족들은 우리와 같은 음식문화를 가지고 있다. 우리가 먹지 않는 것이 없을 정도로 모든 것을 먹듯이 이들도 거의 모든 것을 먹는다. 모든 육식을 먹고, 조류를 먹고, 민물 생선을 먹는다. 인도에 오면서 가지고 왔던 육포를 아루나찰 프라데쉬(Arunachal Pradesh)에서 온 여학생에게 주었더니 기숙사에서 동료와 먹고서는 맛있었다고 한다. 미조람에서 온 친구에게는 아들이 인도에 오면서 가지고 온 오징어를 주면서 우리 식으로 땅콩과 곁들여 먹으면 좋다고 하니 거부감 없이 먹었다. 생선이 귀한 델리에서 생선 커리를 먹는 학생들이 많지 않았지만 뭄바이, 꼴까다, 첸나이 등의 해변 도시에서는 생선을 많은 사람들이 좋아한다.

ⓒ 정재현

정치(政治), 통치(統治)란 단어에 치(治)라는 말이 들어간다. 치는 삼 수(氵)변에 별 태(台)로 구성되고 그 어원을 보면 "물을 다스린 다."는 말이 나온다. 즉 국가를 다스리는 것은 물을 다스리는 것과 같다. 농경 사회에서 물이 없어서 가뭄이 들면 모든 것이 다 죽게 된다. 전쟁보다 더 큰 재앙이라고 할 수 있다.

인도의 경우에도 물에 관하여 많은 관심을 가지고 있지만 물을 제대로 관리하지 못하고 있고, 물 부족 국가의 대열에 있다. 인도의 연간 강우량의 80%는 모순인 6~9월에 내리고 있다. 그리고 전체 경작지의 70%가 천수답으로 인구의 70%가 담당하는 농업생산량은 강우량에 의하여 들쭉날쭉할 수밖에 없다. 그래서 경제성장률도 가물면 떨어지고 강우량이 많으면 높아지게 된다. 18년 만에 가뭄을 겪은 2002년의 경제성장률은 4%에 머물렀고, 5년 만에 최대 강우량을 기록했던 2003년에는 8.4%의 성장률을 달성했다. 국가적 차원에서 물에 대한 관리가 제대로 이루어지지 못하고 있으니 생활에 있어서도 물은 삶에 있어서 중요한 문제가 되고 있다.

다른 나라를 여행하는 사람들이 가장 조심하는 것 가운데 하나가 먹는 물이다. 인도의 경우에도 마찬가지여서 여행의 첫 번째

함피의 왕궁에 있는 연못

규범으로 생수를 사 마실 것을 권하고 있다. 나의 경우에도 게스트 하우스에 있으면서 큰 활동이 없을 때는 매일 1ℓ 생수를 1~2개 정도 소비를 하였다. 더운 계절에 여행을 할 경우에는 3병 이상을 사서 마셔야 한다. 그러니 일 년간 있으면서 물값으로만 약 5,000루피 이상을 쓴 셈이다.

생수는 지역마다 브랜드가 다르지만 코카콜라에서 제조하는 킨레이(Kinlcy)나 펩시콜라에서 나오는 아쿠아피나(Aquapina) 또는 비슬레리(Bislery) 등이 유명 상표로 판매되고 있다. 그 가격은 기차역의 경우 대부분 약 10루피 정도 하고 있다. 그러나 리어카 등에서 레몬을 넣고 50파이샤에 파는 생수는 사먹지 않는 것이 좋다.

공식적으로는 인도인구의 약 86%가 어느 정도 위생 처리된 물을 미시는 것으로 되어 있지만 그 질은 믿을 만하지는 않다. 실제로 2002년 WHO의 통계에 의하면 매년 약 70만 명 정도의 인도인들이 물과 관련한 설사 등의 질병으로 사망하고 있음을 보고하고 있다.

그래서 음식점이나 호텔에 가서도 대부분의 외국인들은 생수를 사서 마신다. 큰 음식점이나 맥도널드와 같이 최근에 만들어지고 있는 패스트푸드점에서는 정수기 시스템을 가지고 있다. 그러나 정수기 관리가 믿을 만하지 않은 것도 문제이다. 제대로 관리되고 있는 정수기의 경우에는 인도의 수돗물에서 많이 나오는 석회질 성분을 제거하여 준다. 내가 있던 게스트 하우스의 경우 아쿠아란 상표의 정수기를 쓰고 있는데 냉수가 나오는 시스템으로 성능이 어느 정도는 믿을 만해서 차를 끓이거나 라면을 먹을 때 주로 사용하였다.

인도의 경우 수돗물 사정이 좋지 않기 때문에 먹는 물에 대하여 전통적으로 많은 관심을 가지고 있다. 현대화된 큰 기차역의 경우에는 어느 곳이나 정수시설을 가진 식수대가 있다. 시골의 버스 정거장에는 옹기 항아리에 식수를 담아서 파는 사람들이 있고, 공동 펌프시설에서 물을 사용할 수 있도록 하고 있다.

또한 큰 저택이나 기관에는 지나가는 행인이나 가난한 사람들이 이용할 수 있도록 문 앞에 물 항아리를 내어 놓고 매일 물을 채워 놓는 것을 볼 수 있다. 델리 대학교에도 대학 내에 있는 관사의 정문에 물 항아리를 놓아두고 있어서 사이클 릭샤 왈라들이 자주 이용하는 것을 볼 수 있다. 자이살메르 입구의 군부대에서도 부대 앞 정류장에 큰물 항아리를 내어 놓고 행인들이 물을 먹을 수 있도록 하고 있다.

이러한 물에 대한 관대한 모습은 인도의 곳곳에서 볼 수 있는데 한여름철에 방문하였던 비하르의 가야역에는 역 앞 광장에 소방차와 같은 큰 물탱크를 가져다 놓고 물을 제공하는 것을 볼 수 있다. 인도의 경우 도시 곳곳에 공중수도가 있다. 도시 변두리나 고속도로 주변의 휴게시설의 경우 이러한 공중수도는 단순히 식수로 이용하는 것이 아니라 목욕과 빨래터로 활용되고 있다. 더운 지역에서 함께 살아가는 문화라 할 수 있다.

물에 대한 이러한 전통은 수돗물에 대하여 수익자 부담의 원칙이 없이 제공되는 비율이 높은 현실로 나타나고 있다. 델리의 경우 수도관의 노후와 같은 물리적인 누수를 포함하여 전체 수돗물의 60% 정도가 수도료를 지불하지 않고 제공되는 것으로 나타나고 있다. 그러다 보니 물이 부족하면서도 물이 아까운 줄 모르고 낭비하는 모습을 종종 볼 수 있다. 물탱크가 고장이 나서 물이 밤새도록 흘러내려도 개의치 않는 공공기관 들을 많이 볼 수 있다.

1백만 명 이상 되는 인도의 35개 도시 가운데 1일 서너 시간 이상 수돗물을 공급하는 도시가 하나도 없다고 한다. 2007년 아시아 개발은행(ADB)에 의하면 인도 내에 있는 20개 도시에서 1일 수돗물 공급 시간은 4.3시간에 불과하다고 한다. 가장 사정이 좋은 찬디가르(Chandigarh)의 경우가 12시간을 공급하고 있고, 델리의 경우에는 수 시간에 불과한 것으로 보고되고 있다.

물 부족으로 인해서 가정이나 건물 옥상에 항상 물탱크가 있다. 물이 나오는 시간에 받아두었다가 사용하는 것이다. 도시의 주택이나 게스트 하우스의 경우 수도꼭지가 두 개씩이 있다. 하나는 수도관에서 바로 나오는 물이고 다른 하나는 옥상의 물탱크에 저장되어 있는 물이 나오는 것이다. 수도관에서 바로 나오는 물은 먹을 수 있는 물이고 항상 오른쪽 수도꼭지가 그 역할을 한다. 왼쪽 수도꼭지에서는 저장된 탱크에서 나오는 물이다. 물탱크에 의존하다 보니 날씨가 더워지면 물탱크의 온도가 높아져서 한여름에도 샤워를 하고자 하면 뜨거운 물이 나와서 냉수인 줄 알고 샤워를 할라치면 갑자기 뜨거운 물이 나와서 기겁을 하게 한다.

물 부족 문제는 도시화와 생활수준의 향상에 의하여 더욱 가속화되고 있는데, 인도 4대 도시의 하나인 첸나이의 경우에는 물 부족으로 도시를 옮기는 문제까지 논의되기도 하였다고 한다. 물 부족으로 인도에서 생활하는 한국 사람들의 일상적인 이야기 가운데 하나가 물과의 전쟁을 이야기한다. 수도의 압력이 적은 지역에 사는 사람들은 물을 받거나 세탁을 하기 위해서 밤을 설치거나 하는 것은 다반사의 일이다.

물이 부족한 나라이다 보니 여름이 되면 물 부족으로 여인들이 항아리나 물 항아리를 가지고 물을 찾아 나서는 모습을 볼 수 있고, 주나 시 정부에서 물탱크차나 물을 실어 나르는 기차와 이들 앞에서 싸우는 사람들의 모습과 소리를 TV 화면에서 자주 보게 된다. 시골의 경우 상위 카스트나 부농과 같은 소수인은 자신들의 전용 우물을 가지고 있지만, 대부분은 공동우물을 사용한다. 이 공동우물은 주로 여인들이 중심이 되어 사용되고 있다. 사막 등에도 공동 우물을 만들어 오아시스와 같은 기능을 한다.

물이 부족한 인도에서 물은 사회적 갈등의 원인이 되고 있다. 시골 지역의 경우 불가촉천민이나 하층 계급들은 상층 계급들이 먹는 물을 같이 먹지 못하고 있다. 그 가운데 유명한 사건으로 인도 초대 법무장관을 역임한 불가촉천민 출신의 암베르카르의 초다르 저수지 사건이 있다. 1923년 봄베이 입법 의회는 불가촉천민들에게 급수시설, 우물, 학교, 병원 등의 공공시설을 이용하도록 하는 법안을 통과시켰고 이에 의하여 불가촉천민들에게 초다르 저수지의 식수를 사용할 수 있도록 하였다. 그러나 상위 카스트 주민들이 이를 허용하지 않자 암베르카르는 그를 따르는 1만여 명의 군중들과 함께 저수지로 가서 금지된 저수지의 물을 떠먹는 행사를 하였지만 상위 카스트의 반발에 의하여 1927년 다시 이를 금지하였다. 이들 불가촉천민들이 초다르 저수지의 물을 다시 먹기까지는 약 10여 년 간의 투쟁을 하여야 하였다.

여름에 물은 필수

인도에 있어서 물은 항상 성스러움과 연계되고 있다. 힌두 관련 종교 시설이 있는 곳에는 대부분 연못이 조성되어 있고, 연못은 가트(ghat)라는 계단식으로 만들어져서 수량과 관계없이 목욕을 하고 몸을 깨끗하게 하는 종교 의식의 중요한 장소가 된다. 대도시를 흐르는 강가에는 어느 곳에나 가트가 있고, 가트는 그 지역의 중요한 힌두교의 성스러운 장소가 된다. 델리의 경우에도 야무나

(Yamuna) 강에 라지(Raj) 가트가 있다. 유명한 가트가 많이 있는 바라나시에는 약 100여 개의 크고 작은 가트가 있어서 사람들의 발길이 끊이지 않고 있다. 성스러움 또는 생명의 젖줄이란 뜻을 가진 강가(Ganga) 강을 끼고 있는 바라나시의 가트는 강가 강물에 몸을 씻어 모든 죄를 씻어 내고자 하고, 죽은 자의 재를 뿌려 해탈을 얻고자 한다.

인도인들에 있어서 물은 성스러움의 표현이지만 현세의 삶에 있어서는 갈등과 억압의 상징처럼 사회의 낮은 사람들에게는 아직도 삶의 굴레를 억압하는 실체이기도 하다.

성스러운 강가강

차와 음료

인도인들의 하루는 짜이(chai)에서 시작하여 짜이로 마친다고 할 정도로 생활에 있어서 없어서는 안 될 음료이다. 나의 경우도 대학의 게스트 하우스에 머무는 1년 동안 매일 아침 짜이를 마시는 일을 한 번도 거른 적이 없었다. 게스트 하우스에서는 매일 아침 6시 30분에서 7시 사이에 베드 티로 짜이를 배달하여 주었다. 이 짜이를 먹기 위해서 하루도 늦잠을 자지 못하였다. 아침마다 방문의 문고리를 힘껏 내치면서 잠을 깨운다. 특히 겨울철 아침에 마시는 짜이는 난방시설이 없는 인도에서 밤새 오그라든 몸을 녹이는 데 탁월한 기능을 한다.

짜이는 인도의 전통음료라기보다는 19세기 영국 식민지 문화의 산물이다. 즉 영국인들이 홍차에 우유를 넣어 먹는 전통이 인도에 전달되어 인도식으로 바뀐 것이다. 18세기와 19세기 제국주의 시대에 많은 전쟁이 차(Tea)와 관련이 있다. 1773년 미국의 보스턴 차 사건이나 중국의 아편 전쟁 등이 이와 연관을 가진다.

인도는 CTC 공법으로 제조되는 전 세계 홍차의 90%를 생산할 정도로 홍차를 가장 많이 생산하는 나라이다. 인도의 차는 아쌈이나 다르질링과 같은 북동부 지역에서 많이 생산되고 있고, 델리나 공항의 기념품 상에서 판매하는 차의 상표를 보면 대부분 이 지역의 이름이 브랜드로 사용되고 있다. 차의 원산지는 중국이다. 18세기 영국은 차를 중국에서 수입하였다. 그러나 청나라의 쇄국 정책으로 차 무역이 제한을 받자 가격이 급등하게 되고, 영국은 아편을 판매하여 이를 충당하고자 하였다. 이에 의하여 아편전쟁이 발생하게 된 것이다.

토기잔의 짜이

한편 영국인들은 차의 구입이 어려워지자 이에 대응하여 1820년대부터 중국과 국경지역인 아쌈(Assam)지역을 중심으로 차를 재배하기 시작하면서 인도가 차의 산지로 등장하게 되었다. 아쌈 지방의 홍차는 섬세하고 부드러운 맛을 내고, 다르질링(Darjeeling) 차는 보다 강한 맛을 특징으로 한다. 이러한 차 가운데 전 세계적으로 가장 익숙한 것이 실론티와 얼 그레이 티(earl grey tea) 등이 있다.

유럽의 차 문화가 인도식으로 변화된 짜이는 차(가장 많이 사용하는 것이 타타 그룹에서 나오는 차를 많이 사용하고 있다.), 우유, 생강, 설탕 및 계피나 기타 향신료인 마살라를 넣어서 펄펄 끓인 뒤에 체에 걸러서 만든다. 넣는 향신료와 설탕의 양에 따라서 짜이의 맛은 매우 다양하다. 한국에서도 만들어서 먹을 수는 있지만 이들이 사용하는 체가 매우 고운 것이라서 한국에서는 구하기가 좀 어렵다.

짜이를 공항이나 기내에서 판매할 수 있도록 티백 형태로 나오는 경우도 있지만 본래의 맛을 얻을 수는 없다. 한국 사람의 경우 처음에는 길거리에서 파는 짜이를 먹기에는 그 위생 상태 때문에

거리의 짜이   ⓒ 정재현

대부분은 꺼려한다. 특히 유리잔에 주는 짜이의 경우 유리잔을 씻는 물이라고 하는 것이 볼 수 없을 정도이다. 과거에는 1회용 토기 잔을 사용하였지만 최근에는 토기 잔에 마실 기회가 거의 없고 대부분 유리잔을 사용하고 있다. 최근에는 1회용 종이나 플라스틱 컵을 이용하기도 한다. 그러나 짜이를 먹고 탈이 나는 경우는 거의 없는 것이 펄펄 끓는 것을 유리잔에 부어주니 더럽다고 하더라도 대부분 소독이 되는 듯하다. 이를 생각한 뒤에는 아무런 거리낌 없이 길거리에서 짜이를 마시게 되었다.

짜이는 어느 정도 설탕을 듬뿍 넣어야 제 맛을 낸다. 인도의 경우 스위트와 함께 짜이에도 설탕을 많이 넣는다. 인도는 세계 설탕 소비의 13%를 차지하는 세계 1위의 설탕소비국이라고 한다. 이것이 경제 성장과 함께 매년 설탕 소비량을 3~4% 씩 증가시키는 데 짜이기 큰 몫을 한다.

짜이는 어느 곳에나 먹을 수 있다. 그러나 음식점 등에서 판매하는 것보다는 길거리에서 찌그러진 그릇에 펄펄 끓이는 짜이가 인도의 맛을 느낄 수 있는 듯하다. 특히 겨울철 밤 열차를 기다리는 역이나 새벽잠을 깨우는 기차 칸에서 파는 짜이는 분위기와 함께 짜이의 제 맛을 음미하기에 좋다.

짜이와 함께 한국 사람들이 좋아하는 인도의 음료로는 라시(Lassi)가 있다. 라시는 우유를 발효시킨 요구르트 음료이다. 우유를 발효시킨 유산균인 커드에 우유를 넣고 간 것이다. 플레인 라시는 첨가물이 들어가지 않은 것이고, 취향에 따라서 설탕, 소금 또는 과일을 첨가하여 만들게 된다. 델리의 찬드니 쵸크 등에는 라시만 전문적으로 판매하는 곳이 있다.

일반적인 서민 음식점 등에서는 20루피 정도면 바나나 등이 들어간 라시를 즐길 수 있다. 인도에서 여행을 할 때는 하루 최소한 한잔 정도를 마실 것을 권하고 있다. 유산균 음료이기 때문에 소화나 장에 좋다. 최근 한국에서도 남양유업에서 라시라는 이름으로 제조되어 판매되고 있지만 인도의 맛을 경험하기는 어렵다. 이외에 주로 흙으로 만든 토기에 담겨서 나오는 인도식 아이스크림이라고 할 수 있는 쿨피(Kulfi)도 거리에서 자주 접할 수 있는 음료 가운데 하나이다.

최근 세계적인 음료라 할 수 있는 콜라나 사이다, 환타 및 주스 등이 일상적으로 팔리고 있지만 아직은 짜이나 생과일주스를 더 선호하고 있다. 여름철에는 특히 레몬수가 많이 팔리고 있고, 조금 고급스럽게 먹고 싶으면 다양한 과일 주스를 먹을 수 있다. 과일을 사다가 먹는 것이 번거로우면 20루피 정도를 주고 레몬이나 오렌지 주스를 한 컵씩 사먹으면 편리하다.

생과일주스에는 거의 모든 과일이 사용되는 데 가장 많이 접할 수 있는 것이 레몬, 오렌지 등이고 조금 비싼 것으로 수입된 석류 주스도 먹을 수 있다. 대부분 100% 과일즙이지만 개중에는 물을 넣어서 양을 늘리는 경우도 있다. 과일 주스에는 다양한 색깔의 마살라나 설탕 대용물을 넣어서 달게 제조를 한다.

그것이 마음에 내키지 않으면 미리 첨가물을 넣지 말 것을 주문하면 된다. 도시의 경우 과일 주스 전문점 등이 번화가에 있지만 시골이나 변두리에서는 리어카에서 노점 형태로 팔고 있다.

여름철의 인도에서 음료로 많이 먹을 수 있는 것이 코코넛이다. 처음 접하면 달짝지근하고, 밋밋하여 큰 즐거움을 얻을 수는 없지만 인도인들의 경우 많이 선호하는 음료이다. 그러나 20루피 정도하니 다른 물가에 비하여 싼 가격은 아니다. 이외에 사탕수수를 기계로 짜서 파는 음료도 단 것을 좋아하는 인도인들이 즐겨 마신다.

남인도의 경우 북인도와는 달리 짜이보다는 커피를 맛볼 수 있는 기회가 많다. 최근 서구의 영향으로 바리스타와 같은 커피 전문점이 많아지면서 커피에 대한 소비가 많아지고 있다고 한다. 델리 대학 주변의 까무라 나가르의 경우에도 3개의 커피 전문점이 있는데 항상 학생들로 만원이다. 특히 인도 전통 커피 전문점인 India Coffee House는 인도 대도시면 어느 곳이나 체인점이 있어서 제대로 된 분위기에서 커피를 먹을 수 있는 기회를 주고 있다.

인도에서 생활하고 여행을 함에 있어서 겨울철이나 서늘한 계절에는 짜이가 더운 여름에는 시원한 라시나 과일 주스가 생수만 먹기에 부담스러운 사람들에게 인도의 맛을 즐길 수 있는 것들이다.

인도에서 술 마시기

인도는 영국으로부터 독립한 뒤에 금주를 국가적인 목표로 할 만큼 술에 대하여 관대하지 않은 나라였다. 이러한 전통으로 인도인들이 공개적으로 술을 먹는 것을 보기가 어렵다. 인도에 있으면서 종종 있었던 대학의 학과 교수와의 식사나 저녁 파티에서 술이 나온 적이 없고, 결혼식에 가서도 술을 구경할 수 없었다. 내가 있던 게스트 하우스에서는 거의 1주일이 멀다하고 다양한 파티가 있지만 여기에서도 맥주나 술을 볼 수가 없다. 우리의 경우 파티나 모임이 술로 시작해서 술로 마무리 되는 것과는 대조적이다.

그러나 술을 파는 와인 숍(wine shop)을 보면 항상 만원이다. 대부분의 사람들이 한 손안에 들어가는 작은 술을 사가지고 호주머니에 넣어서 간다. 학생들도 술을 좋아하지만 자기들끼리 집에서 먹는다. 라자스탄의 찌토르가르에 가면 술을 파는 식당이 우리나라의 단란주점처럼 룸 형식으로 되어 있는 곳이 많이 있다. 술을 먹는 것을 남에게 보여주지 않으려는 듯하다. 그곳에서 혼자 마신다. 내가 있는 게스트 하우스에도 아침에 쓰레기통을 보면 술병들을 심심치 않게 볼 수가 있다.

인도 정부의 공식적인 통계에 의하면 주기적으로 술을 마시는

찬드니 초크 거리에 있는 와인 숍

음주 인구는 2억 명이 넘고 있고, 그 가운데 여성은 4천만 명 정도 되는 것으로 추산하고 있다. 이러한 음주 인구는 매년 20% 정도씩 증가하고 있다.

남인도를 여행하기 위해서 델리에서 코친까지 비행기를 타고 공항에서 거금 600루피를 주고 시내까지 간 적이 있었다. 가는 길에 앰버서더 운전수가 술을 좋아하는가 하고 물어서 잘 먹는다고 하니 술을 살 것을 권하였지만 밤길이고 늦어서 거질을 하였디. 이 친구 중간에 약을 사야한다고 약방도 없는 곳에 차를 세워두고 잠시 뒤에 돌아 왔는데 신문지 봉투에 술을 사가지고 온 듯하였다. 그 친구 술이 얼마나 먹고 싶었는지 내가 게스트 하우스에 여장을 푸는 사이에 한잔 한 듯 냄새를 풀기면서 나를 저녁 식사하는 곳까지 데려다 준 적이 있다.

인도에서 술을 먹기 시작하는 나이는 16~18세이고 30~35세가 가장 많이 먹는 것으로 조사되고 있다. 특히 빈민이나 하층민들이 술을 많이 먹는 것으로 이야기하지만 최근에는 젊은 층의 술 소비가 증대하고 있다. 맥주 소비 인구는 2002년 7,000만 명에서 2006년 1억 5백만 명으로 증가하고 있고, 이들 젊은 층의 술 소비성향은 매스컴 및 외국의 영향으로 더욱 증대할 것으로 예측하고 있다.

인도의 술 소비는 년 평균 1인당 2.5ℓ로 미국의 8.5ℓ 및 우리나라의 7.6ℓ(1999년)와 비교하여 3배 정도 적은 수치이다. 인도의 경우 최근 술이나 와인 소비량이 매년 20~30%까지 증가하고 있다고 한다. 이에 의하여 알코올 중독자의 수도 늘어나서 담배와 함께 이를 경고하는 기사를 많이 볼 수 있다.

자이살메르 꾸리에서 낙타 사파리 준비를 위해서 맥주와 300루피 주고 위스키를 한 병 구입을 하였다. 낙타 사파리를 떠나기 전에 낙타 주인이 토속주 한 병을 살 것을 권해서 하늘에 별을 보면서 먹을 심산으로 100루피를 주고 한 병을 사서 풍족하게 술을 가지고 사막으로 갔다. 그날 저녁 나와 우리 아들 둘은 술을 한잔 정도씩 마셨지만 낙타주인과 낙타 몰이꾼 한 명은 위스키가 좋다고 밥은 먹지 않고 모두 비웠다. 그 덕에 이 친구의 노래를 1시간 이상 들을 수 있었다. 이튿날 아침 자기가 판 토속주까지 두 친구가 다 마셔버렸다.

인도에서 술 마시기에 가장 부담이 없는 지역은 고아가 아닌가 생각된다. 고아와 같이 있는 빠짐의 만도비 강을 운행하는 크루즈에서는 대낮부터 디스코 파티를 하고 젊은이들은 담배와 맥주를 손에 들고 1시간 동안 몸을 흔든다. 강을 운행하는 배끼리 경쟁이나 하듯이 디스코 음악은 요란하다. 빠짐의 대부분의 음식점에서는

생선 커리와 함께 자유스럽게 맥주나 술을 마실 수 있다. 주변의
해수욕장 어느 곳이나 맥주를 마실 수 있도록 되어 있다.

빤찜 유람선에서의 디스코 타임　　　　　　　　　　　　　ⓒ 정재현

　　최근에 들어와서 인도의 대도시를 중심으로 술을 파는 식당들이
늘어나고 있고, 와인 숍도 종래 숨어 있던 것이 대로변으로 나와
서 개업을 하는 경향이 있다. 뭄바이의 경우 4,000여개 이상의 와
인 바가 있다고 한다. 술을 좋아하는 한국 사람들의 경우 구입에
조금 불편은 하지만 술 마시는 것을 걱정하지 않아도 된다. 단지
우리와 같이 여자가 따라주는 술을 먹을 기회가 없고 식사 때 반
주를 할 기회가 적은 것이 문제이기는 하다.

　　인도의 와인은 매우 오랜 전통을 가지고 있다. 힌두교의 경우
경전인 베다에서 술을 신성시하고 있고, 고대 찬드라굽타 시절에
와인은 상위카스트의 상징처럼 되었다고 한다. 이슬람 지배의 무굴
제국 시대에는 종교적인 이유로 금주의 전통이 팽배하였다. 그러나

무굴시대의 자항가르(Jahangir) 황제는 와인을 매우 좋아했다는 기록들이 있다. 인도의 와인 산업은 16세기 이후 포르투갈과 영국의 지배 시절에 서양의 전통에 의하여 발전되었지만 1947년 독립 이후 금주를 규정한 뒤에 쇠퇴일로의 길을 걷게 되었다. 이러한 전통은 1980년대 들어와서 국제화 등의 개방의 물결로 변화가 생기게 되면서 완화되었고, 2000년대 이후 급격한 변화를 가져오고 있다.

인도에서 술은 허가 받은 와인 숍에서만 팔고 있다. 델리 등의 대도시에서는 슈퍼마켓 등에서 주류 판매 허가를 받아서 같이 팔기도 한다. 대부분의 와인 숍은 다른 가게들보다는 늦게까지 문을 열어놓고 있다. 그러나 식당에서 술을 마실 수 있는 곳은 아직은 많지가 않다. 델리의 경우 중심가인 코넛 플레이스 근처의 식당에서 술을 마실 수 있다. 그러나 맥주 이외에는 병으로 팔기보다는 대부분 잔으로 술을 판다. 인도산 위스키의 경우 좋은 것이 4~5만 원, 외국산 Chivas Regal 12 Yrs.이 약 10만 원 정도 하니 인도의 중산층 소득을 고려할 경우에 병으로 마신다는 것은 무리일 것이다.

유명 관광지의 경우 큰 호텔에서는 자유스럽게 술을 마실 수 있는 곳이 늘어나고 있고, 맥주나 술을 마실 수 있는 레스토랑이 늘어나고 있다. 특히 술로부터 비교적 자유로운 정부 직할시인 고아, 폰디첼리, 시킴, 듀와 같은 지역은 주세도 높지 않아서 비교적 싼 가격으로 술을 살 수 있다. 그러나 보수적인 구자라트 주는 아직도 주 전체가 금주법의 영향으로 술을 먹을 수 없고, 지역에 따라서 금요일을 드라이 데이(Dry day)라 하여 술을 먹지도 팔지도 않는 날로 지정되어 있다. 그렇지만 어느 곳이나 블랙마켓(Black Market)은 있는 법이다. 게스트하우스나 레스토랑에서 약간의 웃돈을 주고 부탁하면 언제나 술을 먹을 수 있다. 가끔 엄격한 힌두교도가 운영하는 게스트 하우스는 예외다.

한편 술을 먹을 수 있는 연령을 제한하고 있는데 지역에 따라서 19세~25세까지 다양하게 정해 놓고 있다. 그런데 최근 델리 등에서 25세로 술을 먹을 수 있는 연령을 제한하는 것은 선거 및 결혼을 할 수 있는 18세와 비교할 경우에 문제가 있다고 하여 개정의 요구가 있고, 이러한 변화에 술 회사들의 로비도 작용하고 있다고 한다.

한국 사람이 인도에서 가장 일반적으로 마실 수 있는 술은 맥주 다음으로 위스키 및 럼주라 할 수 있다. 인도의 맥주는 우리와 알코올 도수가 비슷한 Lager Beer와 알코올 도수가 8도인 Strong Beer가 있다. 맥주의 상표는 지역마다 다양하지만 가장 일반적으로 마실 수 있는 것으로 킹 피셔(King Fisher)가 있다. 이외에 블랙 라벨(Black label), 슈퍼 스트롱 맥주로 썬더 볼트(Thunder bolt), 헤이워드 (Haywards 5000) 등이 있다. 인도에 생활하면서 병맥주보다는 캔 맥주를 기회가 있으면 사서 냉장고에 넣어두고 먹었다. 맥주는 게스트 하우스에서 외국인과 대화를 하기 위한 좋은 수단이 되기도 한다.

인도를 여행하다 보면 위스키 선전을 하는 커다란 입간판을 많이 볼 수 있다. 그 가운데 가장 많이 볼 수 있는 것으로 Bag piper

나 유명한 남자 배우 샤륙 칸이 선전하는 Teacher's 등이 있다. 이
들 가격은 지역별로 차이가 있는데 Bag Piper가 약 2.5$, Teacher's
가 30$ 정도 하고 있다. 한국 사람들의 입맛에 맞는 것으로 럼
(Rum)주인 Old Monk는 1.5~2.5$의 저렴한 가격으로 기분 좋게
마실 수 있는 술이다.

인도에도 토속주가 있다고 하지만 이를 접할 수 있는 기회는 많
지 않다. 티베트 사람들이 즐겨 먹는 창(Chang)은 델리의 티베탄
꼴로니와 같은 곳에서 먹을 수 있다. 창은 술이라기보다는 알코올
도수가 낮아서 음료수처럼 느껴진다. 첸나이 해변 가에서 마신 코
코넛을 원료로 한 토리는 우리의 막걸리와 비슷하지만 알코올 도
수는 높지 않았다. 그러나 인도인들의 입장에서 보면 술값이 비싸
기 때문에 중국과 같이 가짜 술의 천국이라고 한다. 이에 가끔 매
스컴에 공업용 메틸알코올로 만든 가짜 술을 먹고 수십 명이 죽었
다는 기사가 나오고 있다.

인도의 국민 소득이 높아지고, 서구의 영향을 받은 젊은이들이
많아지면서 술 소비가 늘어나고 있다. 그러나 우리와 같이 술에
대하여 관대하고, 판매가 모든 레스토랑으로 확대된다면 술은 인도
에 새로운 사회문제를 가져오게 하는 요인이 될 것이다.

인도의 거리 음식

우리의 서민들은 포장마차에서 오뎅이나 떡볶이 먹는 즐거움을 가진다. 똑같이 인도에서도 길거리 음식은 인도인들이 사랑하는 것 가운데 하나이다. 가장 일반적인 길거리 음식은 짜이고, 가난한 릭샤 왈라나 시간이 없는 학생들은 신문지에 사서 주는 짜파티 몇 장과 사라수 잎으로 만든 접시에 담아 주는 달을 찍어서 먹는 것으로 한 끼를 때운다. 먹은 자리에는 신문지나 나뭇잎 접시가 널려 있어서 지저분함을 더해주지만 물이 적은 나라에서 조금은 환경친화적이라는 생각도 든다.

많은 경우 위생문제로 길거리 음식을 대부분 꺼리게 된다. 실제 요리하는 것이나 그릇을 닦는 물을 보거나 먼지와 주변 환경을 보면 쉽게 길거리 음식에 손이 가리는 없다. 그러나 인도에서 보내는 시간이 어느 정도 지나고, 여행 시간을 맞추기 위해서는 인도인들이 맛있게 먹는 것을 보고 그냥 지나치지 못하는 것이 사람이 아닌가 생각된다.

인도 음식은 맛이 달라서 그렇지 세계 어느 곳에서나 맛볼 수 있게 되었다. 우리나라에서도 탄두리 치킨이나 탈리 등은 서울에 있는 인도 음식점의 단골 메뉴가 되고 있다. 그러나 길거리 음식

을 다른 나라의 인도식당에서 맛볼 수 있는 기회는 많지 않을 것
이다. 이러한 이유로 나는 다른 나라에 갈 때면 가능한 길거리 음
식을 먹을 기회를 가지도록 노력을 한다.

거리에서 저녁을 먹는 사람들   ⓒ 정재현

인도에서 위생문제가 꺼림칙한 사람들은 그 자리에서 튀기거나
직접 요리하는 것을 시켜서 먹게 되면 큰 탈이 나는 것을 예방할
수 있다. 실제 여행하면서 자주 길거리 음식을 먹었지만 다행인지
음식으로 탈이 난 적은 없다. 대부분 배탈은 급하게 과식을 하거
나 물을 잘못 먹어서 발생하는 경우가 아닌가 생각한다.

인도의 길거리 음식이 주는 맛, 향, 요리사, 분위기는 잊지 못할
경험이 된다. 튀기고, 볶고, 짜내고, 삶아서 나오는 그 길거리 음식
은 지역별로 다양한 형태로 유혹을 한다. 여행 중에 길거리에서
간단히 아침으로 먹을 수 있는 것이 토스트와 오믈렛이다. 오믈렛
에는 양파와 향신료를 듬뿍 넣는다. 조금 고급스러움을 위해서는

샌드위치나 감자나 야채를 넣은 햄버거를 먹을 수도 있다.

  길거리 음식으로 많이 애용되는 것들은 주로 기름에 튀기는 형태를 가진다. 가장 대표적인 인도의 튀김 요리로 세모 형태로 안에 야채나 감자 등으로 속을 채운 사모사(samosa)는 튀김 만두와 비슷해서 기차나 야간 버스 여행 시 간식으로 이용할 수 있다. 속이 텅 빈 굴−가파(Gol−gappas)는 각종 향신료 소스에 적셔서 입에 넣으면 바삭하는 소리와 함께 독특한 맛을 내지만 소스를 제대로 모르는 한국인들에게는 입맛에 맞는 소스를 고르는 것이 어렵다. 처음 맛을 볼 때는 운에 맡기는 수밖에는 없다.

  튀김음식으로 파코라(pakora)는 감자, 야채 등을 재료로 하여 튀긴 것이고, 도넛같이 가운데가 뚫린 질레비는 붉은색의 인도 전통 과자라 할 수 있는데 한국인의 입맛에는 너무 달다. 거리에서 먹을 수 있는 인도 전통 음식 가운데는 스위트(sweet)를 들 수 있다.

이슬람 음식점

거리의 음식

  스위트는 그 종류가 매우 다양하고, 레스토랑에서 후식으로 나오거나 디왈리 등의 축제에서 선물로 가장 많이 판매되고 있다. 스위트는 한국인 입장에서 보면 설탕 덩어리라고 할 정도로 매우 달다. 달지 않은 스위트는 설탕 시럽을 뿌려 먹기도 한다. 큰 스위트 점에서는 스위트를 종류와 관계없이 주로 무게로 판매한다.

기차나 버스 여행 시에 잠시 정차하게 되면 땅콩은 기본적으로 사먹을 수 있다. 길거리에서는 포리지라고 해서 콩이나 각종 곡류를 볶아서 팔고, 감자나 고구마 또는 옥수수를 구워서 파는 데 이러한 것을 볼 때마다 한국 생각이 스치기도 한다. 때로 이슬람지역에서는 양고기 등의 꼬치요리를 먹을 수도 있다. 더운 여름에는 과일을 조각조각 내서 여러 가지를 모둠으로 판매하기도 하고, 오이를 껍질을 깎아서 소금과 마살라를 살짝 뿌려서 팔기도 한다.

인도의 길거리 음식은 인도를 인도답게 느낄 수 있는 또 다른 여행의 즐거움이 된다. 그렇지만 항상 조심스러운 것이 길거리 음식이기도 하다.

ⓒ 정재현

아유르베다와 헤나

요가와 함께 질병의 예방과 치료, 건강과 장수의 한 방법으로 웰빙 바람이 불면서 인도식의 자연식이요법이나 천연제재인 허브로 하는 오일마사지, 아로마테라피(향기요법) 등이 전 세계적으로 인기를 끌고 있다. 이러한 전통의학의 핵심을 이루는 것이 아유르베다(Atharvaveda)이다.

아유르베다는 인도에서 5000년 전부터 내려온 전통의학이다. 아유르베다는 생명이란 의미의 Ayu와 지식 또는 과학이란 의미의 Veda가 혼합된 생명과학이란 의미를 가진다. 아유르베다는 인간의 육체, 마음, 영혼이 하나라는 통합의 원리에서 출발하며 이들의 합일을 강조한다. 즉 신체나 육체적인 것에 한정하지 않고 의식과 마음까지 통합하는 최초의 종합의술이라고 할 수 있다. 아유르베다는 질병의 치료 이외에 예방도 강조하여 자연과의 조화로운 삶을 통하여 최적의 육체적, 정신적, 감정적인 건강을 유지하는 방법을 가르친다.

아유르베다는 우주는 다섯 가지 요소(흙, 물, 불, 공기, 공간)로 구성되어 있다고 본다. 그리고 인체를 이러한 소우주로 이해한다. 이를 바탕으로 3개의 도샤(Dosá), 즉 바유(Vāyu, 風)·피타(Pitta,

熱)・카파(Kapha, 冷)가 균형이 유지할 때 인간은 건강한 상태가 된다고 한다. 이 세 가지를 바탕으로 인간의 체질을 구분하는 것은 한의학에서 인간의 체질을 태음인・소음인・태양인・소양인으로 구분하는 것과 같은 맥락을 가진다. 이 3가지 도사는 계절과 연계하여 가을을 의미하는 바유, 여름을 의미하는 피타, 겨울을 의미하는 카파 등으로 나누기도 하며, 각각의 체질에 따라서 자주 나타나는 질병 등을 구분하기도 한다.

천연화장품으로 분장하는 까따깔리 출연자   ⓒ 정재현

Himalaya 등에서 생산하는 인도의 전통 의약품은 우리의 건강 보조식품처럼 슈퍼마켓에서 팔리고 있다. 인도의 약방인 Chemist 가운데에는 이들 아유르베다 제품만을 판매하는 곳이 있다. 약방이나 관광지에서 아유르베다 제품을 선전할 경우에 이들 제품은 부작용이 없다는 것을 강조하고 있다. 그러나 아직은 아유르베다 의약품의 많은 것들이 엄격한 임상결과를 가지고 있지 못한 상태라 한다. 부분적으로 효능이 인정되고 있지만 아직은 종합적인 차원에

서 검증이 이루어지고 있지 않은 상태라 할 수 있다.

인도에서 어느 정도 살았던 사람들이 이야기하는 인도의 명품으로 Himalaya Drug Company에서 생산되는 간장약 Liv.52나 탈모예방 및 치료를 위한 Hair Loss Cream, Bioteque에서 만든 샴푸, 피부보호제 및 화장품 등이 있다. 이 모두 웰빙 열풍과 함께 천연제품에 대한 선호의 결과라 할 수 있다.

우리나라에서 인도와 관련된 미용제품 가운데 가장 널리 알려져 있는 것은 헤나라 할 수 있다. 주로 머리털 보호 및 염색용으로 사용되는 헤나는 인도의 여성들도 가장 많이 사용하는 것 가운데 하나이다. 동료 여성 교수에게 물어보니 자기는 여름철에는 거의 매주 한번 헤나를 하고 겨울철에는 한 달에 2~3번 정도 한다고 한다.

건조해서 먼지가 많은 인도의 경우 다른 어떤 제품보다 세제, 샴푸, 비누 등의 제품 질은 우리 것보다 못하지 않다. 이는 인도의 날씨에 의하여 만들어진 결과라 할 수 있다. 헤나는 여름철에 몸의 열기를 내려 주는 효과가 있고, 머리카락을 튼튼하고 윤기 있게 만들어준다. 헤나는 본래 염색보다는 이와 같이 머리카락을 보호하는 것으로 화학약품을 섞지 않은 헤나는 붉은 색의 염색 효과가 있다. 이에 머리가 흰 남자들도 헤나를 해서 붉게 물들이고 다니는 사람들을 종종 볼 수 있다.

그러나 헤나를 하기 위해서는 재료를 준비하기 위해서 3시간 이상을 헤나가루와 요구르트 등을 섞어서 숙성시켜야 하고, 이를 머리에 바르고서는 최소한 3시간 이상을 지내야 하는 데 종종머리에 바르고 잔 뒤에 아침에 머리를 감기도 한다고 한다. 많은 노력이 필요한 것이다. 빨리 빨리를 원하는 우리의 경우 이들 제품에 화학약품을 넣어서 1시간 이내에 모든 것을 마무리하고 머리를 검게 염색하는 것들이 많이 사용되고 있다.

이 헤나 파우더는 Ayur 제품 100g에 25루피 정도 하는 데 우리 나라 인터넷 숍에서는 그 10배 이상의 가격으로 판매하고 있고, 일본에서 수입한 리틀 도쿄헤나는 3만 원 이상에 판매하고 있다. 내가 인도에서 선물로 준비하여 한국에 보낸 것 가운데 욕먹지 않고 사용하고 있는 것 가운데 이 헤나가 한몫을 하고 있다.

메헨디(Mehndi)는 헤나를 활용하여 피부에 장식을 하는 것을 말하는 데, 이는 문신과는 달리 일정한 기간이 지나면 없어지게 된다. 인도의 메헨디는 주로 결혼의식에서 신부의 손과 팔 및 발 등에 장식을 하기 위해서 사용되고, 시장 등에서 젊은 친구들이 10루피 정도에 간단한 메헨디를 해주기도 한다. 요사이는 메헨디를 튜브에 넣어서 사용하고 있다. 메헨디로 피부에 문양을 그린 뒤에 약 20여 분 뒤에 닦아내면 길게는 2주 정도까지 그 문양이 남게 된다. 이러한 문양은 그리기도 하지만 도장 형태로 찍기도 한다.

손에 한 메헨디

돈과 경제

부자가 하는 모든 것은 결코 부끄러운 것이 없지만, 가난하다는 것은 항상 죄이다.(판차탄트라)

Indian
Aerospace
Industry
Tata Values
The TATA Group is India's
largest and most respecte
DECCAN HERALD
THE ECONOMIC TIMES
THE FINANCIAL EXPRESS
Business Sta
Business L
Maharashtra scraps free
power scheme for farmer
RelianceMART
...dings of the Seminar
WIPRO
Applying Thought

인도 경제

21세기 벽두에 영토, 자원 등을 중심으로 새롭게 부상하는 대국으로 BRICs(브라질, 러시아, 인도, 중국)를 들었다. 그러나 중국의 급부상과 인도의 잠재력을 인정하여 새로운 경제대국으로 China와 India의 복합어인 Chindia라는 신조어를 만들어 냈다. 이에 한발 더 나아가서 인도를 앞세운 인디나(Indina: India와 China의 합성어)라는 합성어를 인도 내에서 만들어 내고 있다.

인도의 발전 가능성을 이야기할 때 가장 많이 인용하는 것으로 2003년 골드만삭스(Goldman Sachs)의 예측을 들고 있다. 골드만삭스는 인도는 2050년까지 연평균 5~6%의 경제성장으로 2032년 일본을 추월하여 미국, 중국에 이어서 전 세계 3위의 경제대국이 될 것을 예상하였다. 한편 미국의 NIC(국가정보위원회)는 21세기 중국과 인도의 부상은 19세기 독일의 등장과, 20세기 미국의 세계사에의 등장과 같다고 평가하고 있다.

이에 한발 앞서 인도 국제경제관계연구소(ICRIER)의 아르빈드 비르마니 소장은 인도 경제는 구매력 기준으로 2005년 이미 세계 4위라면서 10년 뒤인 2015년에는 인도의 국내총생산(GDP)은 세계경제의 8.2%로 비중이 커지면서 일본을 제치고 세계 3위의 경제대국으로 부상할 것이라고 주장하였다. 그리고 2035년에는 인도 경제가 미국보다는 약간 작겠지만 서유럽을 능가할 것이라고 내다봤다.

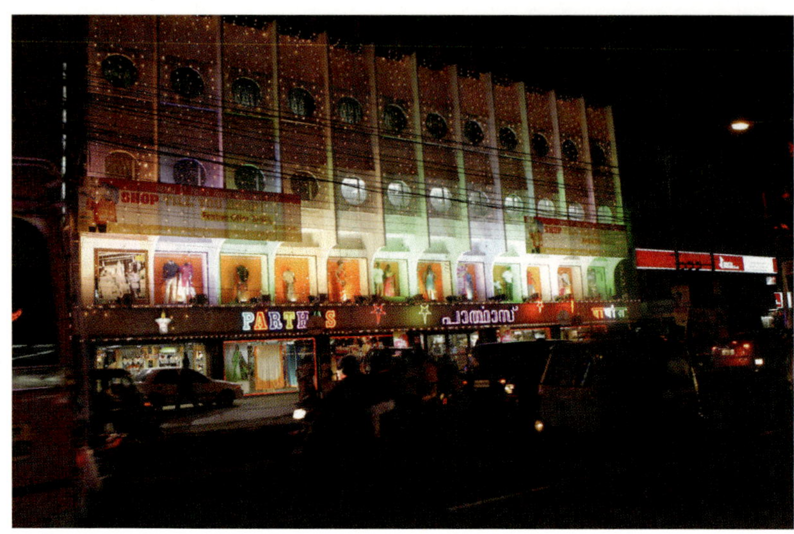

쇼핑몰

© 정재현

독립 후 인도는 80년대까지 인도식 사회주의 경제체제를 유지하면서 기간산업의 국유화, 보호주의, 규제 및 세계경제로부터 분리된 자립경제 체제를 강화하는 정책을 추진하였다. 이 기간의 경제성장은 연평균 1% 수준의 저성장의 기조를 유지하였다.

1991년 외환위기 이후 규제 완화 및 개혁·개방정책 그리고 시장 중심의 경제체제를 추진하게 되었다. 현 총리인 만모한 싱(Manmohan Singh)이 주도가 되어서 추진된 1991년의 개혁은 수출 증대를 위한 루피화의 절하(devaluation), 경제 및 산업에 대한 정부의 규제 완화(deregulation), 공기업의 민영화(privatization), 경쟁력 강화를 위한 독점의 완화(liberalization), 경제 개방에 의한 세계화(globalization)로 요약된다.

1991년의 변화는 이후 1990년대 4%의 경제성장, 2000년 중반 이후에는 8%의 높은 경제성장을 유지하는 계기를 가져왔다. 특히 1990년 말 인도가 IT 분야의 중요한 아웃소싱 시장으로 등장하면서 인도 경제발전에 중요한 견인차 역할을 하고 있다.

이외에 노동집약적 제조업을 육성하기 위한 경제특구(SEZ: Special Economic Zone) 확대에 의한 다국적 기업의 투자 확대, 태국 등의 동아시아 국가와의 FTA 체결 등의 경제 개방, 미국의 중국을 견제하기 위한 인도와의 협력 강화 등의 요인은 2000년대 중반 이후 급격한 경제 성장을 가져오고 있다.

인도의 경제규모는 세계에서 12번째로 큰 시스템을 가지고 있고, 물가를 반영한 PPP에 의할 경우 전 세계 4위의 구매력을 가지고 있지만 개인 소득을 기초로 할 경우 전 세계 128위, 구매력 기준으로는 118위의 국가이다. 2008년 현재 인구의 75.6%가 1일 2$ 미만으로 살아가고 있어서 세계의 빈국 대열을 벗어나지 못하고 있다.

재래시장

인도의 산업구조는 1950년대 농수산업 중심의 구조에서 지금은 서비스 산업중심으로 변화되었다. 1950년대 농수산업 56%, 제조업 16%, 서비스업 28%의 산업구조가 지금은 농수산업 23%, 광공업, 27%, 서비스업 50% 수준으로 바뀌었다.

인구와 면적이 크기 때문에 인도 경제규모가 큰 것은 당연할지 모른다. 인도는 전 세계에서 2번째로 넓은 경작면적을 가진 나라이며, 년 2억 톤 이상의 곡류를 생산하여 세계 최대의 식량 생산국 가운데 하나이다. 인도는 세계에서 우유, 사탕수수, 차를 가장 많이 생산하고 있고, 쌀, 과일, 채소는 두 번째로 많이 생산하는 국가이다. 인도는 23개 증권거래소에 10,000개의 상장 회사를 가지고 있어서 세계에서 가장 큰 규모를 가지고 있다. 인도는 세계에서 가장 큰 전국에 70,000개의 지점을 가진 은행 시스템을 가지고 있다. 2007년 현재 상업은행에 누적된 예금은 GDP의 약 50% 수준에 달하고 있다.

인도 경제에 대한 낙관적 예측에 의하면 2008년 740$의 국민소득이 2017년에는 2,000$, 2025년 4,000$가 되어 전 세계에서 중간 정도의 소득 국가가 될 것으로 예측하고 있다.

향후 인도경제 성장의 잠재력을 평가할 경우에 긍정적인 요인으로 인적자원을 든다. 인도는 다른 어느 나라보다 젊은 국가이다. 미국의 중간 연령의 인구가 평균 36세, 일본 43세인데 비하여 인도는 25세이다. 향후 2030년이 되어도 전체 인구 가운데 경제활동인구가 70%를 유지하고, 60세 이상의 인구는 10% 수준을 유지할 것으로 예측하고 있다.

다음으로 인도가 영어 사용권이라고 하는 것도 세계경제 체제로의 편입에 있어서 중국 등의 다른 나라와 비교하여 큰 장점으로 이야기한다. 특히 매년 IIT 등에서 배출하는 유능한 전문 인력은 기술개발이나 경제체제의 세계화에 큰 자산으로 활용할 수 있을 것이라는 예측이다.

또한 중국과 비교하여 세계최대의 민주주의 국가라는 정치체제는 장기적인 관점에서 자본주의 경제체제의 유지에 있어서 큰 장점으로 기여할 수 있을 것으로 판단하고 있다. 그리고 무엇보다 11억이란 인구는 최대의 소비시장을 형성하여 발전을 뒷받침할 것이다. McKinsey Global Institute (MGI)에 의하면 인도의 소비 시장은 2025년 세계에서 5위의 소비시장을 형성하게 되고, 인도의 중산층은 현재의 10배 수준인 5억 8천만 명 수준이 될 것으로 예측하고 있다.

이외에 국제정치경제체제에서 중국의 독주를 견제하기 위한 미국과 일본의 인도에 대한 지원도 인도경제의 발전에 큰 힘으로 지적된다. 미국-인도의 파트너십의 형성은 인도 핵 문제 등에서도 부분적으로 나타나고 있다.

인도가 금융부문을 중심으로 한 개혁, 규제완화, 사회간접자본의 확충, 경쟁촉진 정책, 노동시장의 유연성 확보가 이루어질 경우 비교우위를 갖고 있는 노동집약적 제조업의 급격한 발전과 농업 부문에서 규모의 경제를 달성할 수 있을 것으로 예측된다.

그러나 구조개혁에 의한 기득권층의 반발과 민주적 연정이라는 인도식 민주주의가 발전에 장애요인이 될 수 있다. 특히 발전과정에서 나타나는 소득불균형에 대한 우려는 사회정의적인 차원에서 개혁과 개방에 대한 국민들의 지지를 확보하는 것이 중요한 과제로 남아 있다. 특히 인구의 지속적인 증가는 가장 커다란 장애요인이 될 것이다.

인도발전 홍보 퍼레이드

이외에 현재와 같이 고성장을 지속적으로 유지하기 위해서는 세계은행이 지적하고 있듯이 우선적으로 공공부문의 개혁, 인프라 구축, 농업 및 농촌 개발, 노동규제의 완화, 주 정부 개혁, HIV/AIDS 문제 해결 등이 선결되어야 할 것이다. 이를 다시 살펴보면 다음과 같은 것들이 인도 경제의 성장과 발전을 가로막는 요인들이다.

첫 번째, 현재 인도의 산업구조는 약 50%가 서비스 산업에 종사하고 있고, 생산적인 제조업은 16% 수준에 머물고 있다. 특히 전체 인구의 약 70%가 전체 산업에서 23%를 차지하는 농업에 종사하는 구조적인 한계가 있다. 인도의 농업은 몬순에만 오는 비에 의존하여 농사를 지어야 하는 한계가 있다. 이에 의해서 인도의 경제성장은 날씨에 따라서 2~3% 정도 유동성을 보인다. 인도의 경우 낮은 부가가치를 가진 농업부문 및 농촌의 개발이 없이 지속적인 성장을 기대하기는 어려울 것이다.

특히 제조업 부문의 낮은 경쟁력은 대외지향적인 수출을 어렵게 하는 요인으로 작용한다. 인도 경제성장의 견인차 역할을 하는 IT는 단지 GDP의 4.1% 수준이고, 고용도 100만 명에 불과하여 지속적인 성장의 축으로는 미흡하다는 평가이다.

둘째, 열악한 사회간접자본은 외국인 투자 유치 및 제조업 발전에 큰 장애요인으로 지적되고 있다. 현재 고속도로는 총 도로의 2%에 불과하고, 전력과 물은 최악의 상황이지만 정부의 재정능력을 고려할 경우에 이들 분야의 단기적 개선 가능성은 높지 않은 실정이다. 이러한 사회간접자본 이외에 석유 등의 에너지의 대부분을 수입에 의존하는 인도의 경우 에너지 가격의 변화는 물가 및 제조원가의 상승을 가져와서 경쟁력을 떨어뜨릴 위험이 상존하고 있다.

셋째, 심각한 사회적 갈등은 지속적 성장에 어두운 그림자가 될 것이라는 주장이다. 다양성을 바탕으로 하는 인도사회는 그 다양성만큼 커다란 갈등을 가지고 있다. 지속적인 종교 갈등, 세계화에 대응하는 마오이스트를 중심으로 하는 급진세력의 개발에 대한 저항, 카스트를 기반으로 하는 불평등한 사회구조에 의한 갈등은 경제성장의 바탕이 되는 외부투자를 억제하는 요인이 될 수 있다는 것이다.

넷째, 정치적인 차원에서 인도의 사회주의적인 전통은 경쟁체제를 강조하는 자본주의 발전에 걸림돌로 작용한다. 특히 과도한 노동자 계급에 대한 보호는 노동시장의 경직성을 강화시키고 있고, 노동집약적 산업에 대한 낮은 선호 및 제조업 중심의 숙련된 기술인력의 부족은 다국적 기업 등의 투자를 저해하는 요인으로 작용한다. 또한 인도식의 민주주의는 많은 시간과 갈등을 해결하여야 하는 비용의 증대를 가져와서 투자의 매력도를 떨어뜨리고 있다. 이외에 관료의 부패 및 유통 시장 등에서 볼 수 있는 높은 진입장벽과 같은 낮은 개방 속도는 급격한 경제발전을 억제하는 요인으로 작용될 수 있다. 실제로 투자에 의한 사업 착수까지 걸리는 시간은 의한 사에 의하면 2004년 기준으로 인도가 평균 89일 중국은 그의 반인 41일, 한국은 그의 4분의 1인 22일이 소요되는 것으로 보고되고 있다.

오늘날 인도의 경제성장과 변화는 세계경제체제에서 중요한 변수가 되고 있는 것은 사실이다. 인도는 우리에 있어서 새로운 시장이며 투자처가 되고 있다. 무엇보다도 인도는 중국 및 일본과의 관계에서 고려되는 정치적인 이해관계가 비교적 적다는 면에서 우리가 관심을 가져야 할 것이다. 그러나 경제적인 차원에서 우리의 관심은 인도의 변화만큼 크지 못하고 있다.

인도의 빈곤

　인도를 여행한 사람들은 자신들이 한국에서 너무 많은 것을 먹고 있고, 너무 많은 것을 가지고 있다는 생각을 한다. 인도 어느 곳에서나 다 떨어진 천막으로 몸만 가리는 집을 볼 수 있고, 못 먹어서 배만 불룩한 어린아이를 만나게 되며, 자동차만 서면 주먹만 한 어린아이를 허리에 차고 나타나는 눈만 둥그런 여자들을 보게 된다. 가난이 숙명처럼 여겨지고, 차가운 땅 위에 죽은 듯이 누워 있는 사람을 볼 때 살아서 옷을 입고, 세끼 밥을 먹는 것만으로도 호화스러움을 느끼게 하는 곳이 인도다.

　인도 인구의 1/3이 빈곤선 이하로 살아가고 있다. 전 세계 가난한 인구의 1/3이 인도에 있다. 비록 경제 개발에 의하여 중산층이 확대되고 있지만 2005년 세계은행에 의하면 전체 인구의 41.6%인 4억 6천만 명이 빈곤선인 매일 1.25$ 이하로 살아가고 있고, 8억 3천만 원이 하루 2$ 이하로 생활하고 있다고 한다.

　2007년 인도 정부의 공식적 발표에서도 전체 인구의 25% 약 2억 2천만 명 정도가 빈곤선 이하로 살아가고 있다고 발표하고 있다. 농촌의 경우 21.1%, 도시 지역의 경우 15%가 물리적 경제적으로 어려움에 처해 있다. 이러한 빈곤은 지역에 따라서도 큰 편차를 보여, 델리나 편잡 주의 경우 빈곤율이 상대적으로 가장 낮은 반면에 비하르나 오리싸 주의 경우 40~50%의 인구가 빈곤선 이하로 생활하고 있다. 인도의 빈곤은 경제개방 이후 감소하는 모습을 보여주고는 있지만 인도는 경제발전과 함께 빈곤도 함께 확대되는 이중적인 특성을 가지고 있다. 가난과 함께 인도의 부의 불평등은 더욱 심하여 상위 10%의 소득이 전체 소득의 33%를 차지하고 있다.

농촌의 삶　　　　　　　　　　　　　　　　　ⓒ 정재현

　특히 인도의 농촌 빈곤은 낮아지는 농업분야의 생산성이 가장 큰 문제이며, 이에 의하여 식량 수입을 위한 외화지출의 확대도 국가적인 문제로 등장하고 있다. 또한 농민들은 농약과 비료 값 상승, 잦은 가뭄, 살인적인 이자율을 자랑하는 농업대출로 인하여 빈곤의 악순환의 고리를 끊지 못하고 있다. 이에 의하여 농민들이 부채로 인하여 땅을 매각하고 스스로 소작농이나 농업노동자로 전락하고 있으며, 일부 마을에서는 부채탕감 요구가 수용되지 않자 집단자살을 하는 등 큰 사회문제를 야기하고 있다. 무엇보다도 큰 문제는 농업의 근간이 되는 자영농이 붕괴되고 있다는 것이다.

식민지 지배부터 확대 재생산되고 있는 인도 농촌의 빈곤은 다양한 복합적인 요인에 의하여 나타나고 있다. 그 첫 번째는 전체 경작지의 70%가 천수답으로 날씨에 의하여 농업 생산성이 크게 영향을 받고 있다는 것이다. 부족한 관개 시설 및 하천 오염 등으로 농업용수 확보가 어려운 것도 농업의 생산성을 떨어뜨리는 요인이 되고 있다.

다음으로 대가족 시스템과 도시에 비하여 높은 인구증가율도 농촌의 빈곤을 가중시키고 있다. 또한 사회적으로 잔존하고 있는 카스트 제도는 낮은 카스트로부터 경작지 및 노동의 기회를 박탈하여 이들의 빈곤을 극복할 수 있는 여지를 줄인다. 인도 농촌의 경우 토지를 가지지 못하고 있는 인구가 약 43%가 될 정도로 구조적인 문제점을 가진다. 개방 이후 제조업 등에 대한 관심으로 농업부문에 대한 투자가 상대적으로 낮은 것도 농촌의 저발전을 가져오는 요인이 되고 있다. 전체적으로 농업의 생산성을 제고하기 위한 연구, 농촌 인프라 구축, 보건 및 교육 등에 대한 투자가 절대적으로 부족한 실정이다.

농업 보조금은 단지 GDP의 3%에 불과한 실정이다. 또한 정부는 국내 농업 부분의 유통에 대하여 과도하게 규제를 하여 농업부문의 경쟁력을 떨어뜨리고 있고, 농업 부문의 토지, 노동 및 신용거래 시장에 대한 과도한 개입으로 농업부문에 대한 투자를 억제하고 있다. 전체 농촌 인구의 4분의 1이 산림에 의존하여 살고 있는 데, 자원정책이 단순히 보존 중심 접근방법을 취하고 있어서

농촌의 빈곤
ⓒ 정재현

이를 효과적으로 활용하고 있지 못한 것도 문제점으로 지적되고 있다. 가난한 인도 중부지역의 경우 철광석 등의 많은 천연자원을 보유하고 있으면서도 공산주의 운동이나 환경운동 등에 의하여 개발이 억제되는 것도 농촌의 발전을 가로막는 요인이 되고 있다. 이러한 정치적 불안은 외국인 투자를 억제하는 요인으로도 작용하고 있다. 사회주의 경제체제에 의하여 토지개혁의 노력이 있었지만 인도 정치체제가 지배집단의 기득 세력을 강화하기 위한 측면을 벗어나지 못한 것도 빈곤문제를 다루는 정책의 한계로 지적된다. 정부의 농촌 개발을 위한 프로그램의 편익이 가난한 사람들에게 돌아갈 수 있도록 운영되지 못하고 불평등하게 운영되는 등의 부패도 문제점으로 지적된다.

인도 인구의 1/3이 살고 있는 도시지역은 전체 GDP의 2/3을 생산하고 정부 세입의 90%를 부담하고 있다. 그러나 도시 가구의 1/4이 빈민가에 살고 있고, 인도 최대 도시인 뭄바이의 경우 빈민가에 절반 이상의 인구가 살고 있다.

이러한 도시 빈곤은 급격한 도시화에 의한 인구증가가 가장 중요한 요인으로 지적된다. 특히 일자리 파급효과가 큰 제조업 부문

의 낮은 성장률은 농촌에서 유입되는 인구를 수용할 정도로 발전
되고 있지 못한 실정이다. 고용 없는 성장을 가져왔을 뿐이다. 인
도는 이러한 문제를 해결하기 위하여 산업정책의 변경, 공공분배시
스템 구축 등의 정책을 실시하고 있지만 획기적인 변화를 가져오
지 못하고 있다.

도시의 빈민　　　　　　　　　　　　　　　　ⓒ 정재현

인도인에게 있어서 돈

종래 우리 사회에서는 비단장수 왕 서방이라고 하여 화교를 장사수완이 높은 사람으로 이야기를 하였다. 이러한 중국인에 버금갈 정도로 인도인도 기업가적 정신(entrepreneurship)을 가진 사람이며, 돈을 중시한다.

한국 학생들에게 장래 꿈을 물어보면 돈을 많이 버는 것이라고 이야기하는 학생들은 많지 않다. 그러나 인도 학생들은 돈 버는 것을 매우 중요시하여 대학 졸업 뒤에 돈 많이 주는 회사에 취직하는 것이 목적이라고 명확하게 이야기한다. 그 영향으로 인도의 대학에서 가장 인기 있는 분야의 하나가 MBA이다. 델리대학교 한국어과 학생들의 경우 10이면 10 모두 돈 많이 주는 한국회사에 취직하기 위해서 한국어를 배운다고 한다.

종종 한국에서 인도하면 물질과는 거리가 먼 나라, 부처님의 나라, 도를 닦는 나라로 돈과는 거리가 먼 것처럼 생각한다. 그러나 인도 사상의 기초가 되는 마하바라타에서는 인생의 목적을 까마(사랑), 아르타(부), 다르마(의무), 목샤(구원)로 기록하고 있다. 인도인들에게 아르타(artha))인 부를 추구하는 것은 하나의 종교적 신념이다. 그래서 대부분의 가정집에서는 행운과 부의 여신인 락시미

(Laxmi)를 모시고 매주 기도를 드린다.

인도인들은 돈과 관련하여서는 우리가 중시하는 명분과 체면을 버린다. 최근에 한국에서 온 스님이 컴퓨터를 사기 위해서 학생에게 부탁을 하여 구입하였다고 한다. 그러나 컴퓨터가 제대로 작동되지 않아서 그 학생에게 고쳐오라고 시켰더니 드라이버가 문제가 있어서 2천 루피가 들었다고 하여 돈을 주면서 컴퓨터가 다시 고장 나면 A/S를 받아야 하니까 영수증을 받아다 달라고 하니 그 뒤에는 연락도 없고 전화도 받지 않는다고 한다. 드라이버 문제는 돈을 받지 않고 고칠 수 있는 것인데 말이다.

인도의 대서사시 마하바라따에선 "다르마도 전적으로 재물(아르타)에 의존한다. 타인에게서 재물을 빼앗는 자는 그의 다르마도 빼앗는 자이다. 빈곤은 죄의 상태이다. 부로부터 모든 종교적 행위, 모든 즐거움, 그리고 하늘 자체도 솟아남으로 모든 덕행은 부의 소유로부터 흘러나온다. 마치 코끼리들이 코끼리들을 잡듯이 부는 부의 축적을 가져온다. 종교적 행위, 쾌락, 기쁨, 용기 그리고 배움이 모든 것이 부로부터 나온다. 부로부터 덕도 증가한다. 재물이 없는 사람에겐 이 세상도 저 세상도 없다."라고 한다. 즉 인도인의 철학에서 부는 책임인 다르마의 전제조건처럼 생각한다.

지금부터 약 2200년 전 당대의 대학자 비슈누 샤르마가 아르마샤크티 왕의 요청으로 세 왕자들에게 처세술, 외교, 윤리 등을 깨닫게 하기 위해 예부터 전해 내려오는 이야기를 정리하여 집대성한 인도의 지혜 교육서로 판차탄트라(Pancatantra, 5편의 이야기)라는 이야기집이 있다. 우리나라에서도「생각의 깊이를 더하는 지혜의 이야기」라는 제목으로 번역되어 나온 책이다. 이의 다섯 번째 주제인 "사려 없는 행위(imprudence)"에 가난한 사람의 집은 별이 없는 하늘이고 물이 없는 호수라고 하면서 "가난한 사람은 재능이 있고 경력이 있더라도 사람들이 멀리하고, 부자는 재능이 없고 높은 카스트가 아니더라도 사회에서 빛을 발한다. 부자가 하는 모든 것은 결코 부끄러운 것이 없지만, 가난하다는 것은 항상 죄이다." 라고 하고 있다.

이와 같이 종교적 신념과 연계된 인도인들의 부와 돈에 대한 신념은 오늘날 이야기하는 기업가 정신과 연계되어 인도 경제성장의 동인이 되고 있다.

부를 위한 종교

인도 장사꾼들의 거짓말

많은 사람들이 인도인들을 거짓말쟁이 또는 사기꾼이라고 이야기를 한다. 물건을 사거나 거래를 할 경우에 한국인들은 인도인들에게 사기를 당하였다고 한다. 특히 인도인들은 단골에게 오히려 물건을 비싸게 팔거나 사기를 더 많이 친다는 소리를 듣는다. 그러나 이러한 말은 한국 사람만이 하는 이야기는 아니다. 인도인들도 똑같이 이야기를 한다.

나와 매주일 만나서 인도에 대하여 토론을 하던 델리 대학교의 대학원생도 한날은 투덜거리면서 불평을 해서 자초지종을 들으니, 코넛 플레이스에 있는 팔리카 바자르(Palika Bazar)에서 옷을 구입했는데 자기 친구보다 5배나 비싸게 구입했다고 한다.

인도에는 위조지폐가 많이 있다. 그래서 100루피나 500루피와 같은 고액권을 주면 꼭 전등에 비추어보곤 한다. 일전에 음악 CD를 하나 사다 달라고 학생에게 500루피를 주었더니 며칠 뒤에 와서는 그것이 위조지폐였다고 한다. 그리고 그 위조지폐를 50루피 주고서 새 지폐로 바꾸었다면서 50루피를 뺀 거스름돈을 받은 적이 있다. 사기가 공식화되고 있는 모습의 하나이다.

인도를 여행하면서 사기당한 느낌이 들 때가 자주 있다. 추운 계절에 인도인들이면 누구나 뒤집어쓰고 다니는 숄을 사기 위해서 순면이냐고 몇 번을 물어보고 산 것이 화학 섬유 제품이었고, 아그라에서 산 벽걸이용 카펫도 똑같이 화학 섬유였다. 관광을 하기 위해서 택시를 대절하면 원하지도 않는 가게에 들어가야 하는 것이 매번 겪는 일이다. 아잔타 석굴에서는 좋은 곳을 안내한다고 앞장서서 안내한 뒤에 그것이 고마워서 산 수정이 다른 곳의 3배는 더 주고 산 것이다.

야채시장

그러나 다시 한 번 생각하면 우리가 사기를 당하였다는 것은 우리가 흥정에서 졌다는 것을 의미한다. 그것은 물건에 대한 정보를 몰라서 당한 것이고, 물건의 가격을 알지 못하고 제대로 흥정을 하지 못한 것이다. 인도에서는 모든 것이 흥정이다. 인도인들은 이러한 흥정에 매우 익숙하다. 날마다 다니는 길에서 정해져 있을 법한 릭샤 요금도 탈 때마다 흥정을 한다. 인도인들에게도 이러한 흥정은 번거로운 일이다. 그래서 최근 정찰제로 판매하는 슈퍼마켓이나 현대적인 쇼핑공간이 많이 생기고 이를 이용하는 사람들이 늘어나는 것도 이러한 이유도 있는 것 같다.

인도인들은 종종 말을 바꾼다. 처음 흥정한 것이 그대로 지켜지지 않는 경우가 많이 있다. 그래서 인도인들은 모든 거래나 일을 처리함에 있어서 문서화를 하고자 한다. 시장에서 작은 전기제품을 하나 사도 영수증을 주거나 A/S를 보증한다고 자기 명함에 사인을 해 준다. 그러면서 가격은 깎아줄 수 없다고 한다. 거짓말을 하지 않는 것에 대한 보증이다. 이러한 문서야말로 인도인의 코를 낮출 수 있는 유일한 방법인 것이다.

인도인에게 있어서 부는 하나의 신앙이다. 그리고 모든 계급은 다르마라고 하는 규범을 지켜야 하는 데 상인에게 있어서 다르마는 돈을 버는 것이다. 이들에 있어서 돈 버는 것은 거짓말보다 더 중요한 것이 아닌가 생각된다. 인도의 설화집인 판차탄트라에서는 거짓말이 나쁘다는 것을 이야기하지만 어려움을 극복하기 위해서 지혜로운 거짓말도 필요하고, 때로는 순진하게 거짓말을 못 하는 것이 분별없는 짓이라고 이야기하고 있다. 무조건 권선징악과 거짓말을 하면 벌을 받는다고 말하는 우리와는 다른 것이다. 인도 힌두 경전으로 아파스탐 슴리티(Apastamba Smriti)는 "돈을 버는 것은 사기로 물건을 파는 것"이라고 하고 있다. 물건을 팔고 흥정을 할 때 거짓말을 하고 사기를 치는 것은 인도의 상관습에서 자연스러운 것이다. 인도 장사꾼들이 바가지를 씌우고 사기를 치는 것은 바캉스 계설 메뉴기도 한절이라고 2~3배 높은 여관비나 음료수 값을 받는 우리와 다른 것이 무엇인가? 한국 사람들은 외국 여행을 하면서 물건을 깎아서 산 것을 자랑으로 삼는다. 또한 관광지의 관광보다 이러한 물건을 사는 데 더 많은 관심을 가지기도 한다. 이러한 관광행태가 극복되지 않는 한 인도에서의 관광은 항상 사기당했다는 생각을 떨쳐버릴 수 없을 것이다.

인도 기업인의 노블리스 오블리제

　최근 한국 신문에 국민의 53.4%가 기업에 대하여 호감을 갖지 않고, 68.3%가 기업인들은 부정한 방법으로 돈을 벌었을 것이라고 생각한다는 인터넷 기사를 보았다. 한국의 전통적인 유교질서에 의하면 사농공상(士農工商)이라고 하여 돈 버는 직업인 상인은 서열에서 맨 뒤에 간다. 그러한 문화의 영향인지는 몰라도 아직도 한국의 기업인들은 존경받는 사람의 대열에 오르지 못하고 때론 범법자나 도둑놈 취급을 받는다.

　그러나 인도의 경우에 상인 계급은 카스트 제도에 의하면 세 번째인 바이샤 계급에 속하지만 사상농공(士商農工)의 순서를 가질 만큼 상인과 기업인들의 사회적 지위가 낮지 않다. 또한 종교적으로 인도인들이 돈을 중시하니 돈 많은 기업가를 존중하는 것은 당연하다고 생각할 수 있다. 그러나 인도의 상인이나 기업가들은 돈을 버는 것만큼 그들이 사회에서 해야 할 다르마(의무)를 지킨다는 것이 사회적으로 존경받는 이유이기도 하다.

　휴일에 시내나 시장을 가면 가게에서 물건을 팔지 않고 가난한 사람들에게 간단한 음식을 나누어 주는 모습들을 자주 보게 된다. 인도에서 가장 큰 이슬람 사원인 델리의 자미 마스지드 1번 게이트 앞 골목에 가면 간단한 인도 음식을 파는 가게들이 여럿 있다. 그 가게 앞에는 항상 걸인들이 10여 명 많으면 20여 명이 웅크리고 앉아있다. 가게 주인은 장사에 방해가 될 법도 한데 이들을 내쫓는 법이 없이 일정한 정도 음식을 팔면 이들에게 일정한 정도의 음식을 나누어준다. 돈을 벌지만 사회적 의무를 실천하는 모습이다.

델리 자미 마스지드 앞의 상가

인도의 상인과 기업인들은 노블리스 오블리제를 실천에 옮긴다. 가족 기업의 형태를 특징으로 하는 인도는 우리와는 달리 기업이나 가게의 이름으로 창업자의 이름을 많이 쓰고 있다. 이러한 전통은 기업의 사회적 윤리 및 가문의 명예와 관련하여 기업의 사회적 책임을 강조하는 관습으로 이어지고 있다.

인도의 가장 대표적인 민족기업으로 대우 상용차 부문을 인수한 타타그룹은 인도인들이 가장 자랑스러워하는 기업 가운데 하나이다. 그러나 타타 가족의 그룹 지분은 단지 3%에 불과하고 60%를 타타 선즈란 이름의 공익재단이 소유하고 있다. 이 재단은 교육 및 연구뿐만 아니라 사회의 모든 분야에서 큰 활동을 하고 있다. 1992년에는 인도판 정주영이라고 할 수 있는 타타 그룹의 전 회장인 제이 알 디 타타가 인도 최고의 훈장인 바라트 라트나 훈장을 받았다. 마르와리 상인 비를라 그룹의 비를라 회장은 간디의 독립운동자금을 지원했고, 독립 후에도 400여 개의 학교를 설립, 국민들의 추앙을 받는 인물이다. 자이나교의 교리를 실천하는 파트니 그룹도 기업이윤의 10%를 자선단체에 기부를 하고 있고, 체따아 상인인 무르가파 그룹도 기업설립 당시부터 매년 기업이윤의 1.5%를 사회에 환원하고 있다.

많은 인도의 기업인들이 건국 독립의 공헌자로 사회적 칭송을 받고 있다. 최근 인도의 한 신문에서 기업인에 대한 인기도 조사 결과 여성기업인이 1위를 한 것이 발표되었다. 한국의 연예인처럼 기업인들에게 인기가 있다는 것을 보여주는 한 예이다.

인도에서는 한국이라는 국가보다 삼성, LG, 현대의 인지도가 더 높다. 많은 한국 사람들이 국가보다는 한국기업 때문에 인도에서 자부심을 가지고 산다. 우리도 성공한 기업인 돈 많은 기업인이 사회적으로 칭송받을 수 있도록 돈에 대한 문화가 바뀌었으면 한다.

해외에 의존해야 하는 우리 경제의 실상을 보면 삼성, LG와 같은 대기업이 10개는 더 있어야 할 것 같다. 이제 기업인들이 부도 덕하지 않게 돈을 벌 수 있는 시스템이 구축되고, 국민들이 기업인을 존경하는 사회가 되었으면 한다.

나뉘어지는 사회

인도에서 사회적인 것은 모두 종교적이고 종교적인 것은 모두 사회적이다.

(루이 뒤몽)

나뉘어진 갈등

인도는 다양성을 특성으로 한다. 그러나 그 다양성이 사회를 나누고 있다. 나누어진 사회는 갈등이 되고 사회적 이슈가 되고 있다. 인도는 피부에 따라서도 차별을 한다. 카스트와 연계하여 백색, 황색, 흑색의 순으로 차별화가 되어 있다. 전체적으로 피부가 검지만 흰색피부를 선호한다. 한번은 게스트 하우스에 흑인 부부가 왔다. 손님이 오면 문지기들이 가방을 방까지 들어주지만 이들 부부는 큰 트렁크를 가지고 왔지만 문지기들이 가방 들어주는 서비스를 하지 않았다. 그러나 유럽이나 미국의 백인을 대하는 모습은 다르다.

인도에서는 몽골리언에 대하여 차별이 심하다. 이에는 한국 사람도 들어간다. 최근 들어 한국 사람들이 여행을 많이 하고 돈이 있다고 생각해서인지는 모르지만 겉으로 차별을 보이지는 않는다. 그러나 인도 동북쪽의 부족민들이나 대도시에서 아야라는 식모 일을 주로 하는 네팔사람들에 대하여는 네팔리라고 하여 매우 낮게 본다. 나도 인도에서 생활을 하면서 두 번 네팔리라는 소리를 들었다. 한번은 기차에서 침구를 날라주는 허드렛일을 하는 친구가 매우 비아냥거리듯이 물어본 경험이 있고, 다른 한번은 비교적 보

부유층 아이들의 비만

수적인 라자스탄 지역을 여행할 때 그런 소리를 들었다.

　내가 아는 미얀마 근처의 나가랜드에서 온 학생의 경우 우리와 똑같은 모습을 한 학생인데 힌디를 하지 않으면 네팔리 취급을 한다면서 가끔 불만을 토로 한다.

　종교적으로도 무슬림들은 자기들끼리만 어울린다. 내가 있는 동아시아 학과 1학년에는 무슬림이 3명이 있는데 이들은 같은 자취방을 쓰고 강의실에서도 항상 붙어서 앉는다. 이들에 대하여 차별이 있는 것은 아니지만 함께 하지 못하는 것을 볼 수 있다.

　인도의 소비계층을 크게 3부류로 나누어 볼 수 있다. 약 15% 정도 되는 중산층과 이들 한명에 대하여 평균 3명이 봉사하는 중간 계층, 그리고 하루 벌어서 하루 먹고 사는 하층으로 구분할 수 있다고 한다. 중산층의 경우 서구적인 문화를 선호하고 백화점이나 현대식 스낵코너와 같은 문화를 즐긴다.

사회 곳곳에서 볼 수 있는 이러한 차별은 인도의 다양성을 구성하면서 사회를 나누고 있고, 새로운 형태의 사회적 이슈를 만들어 내고 있다. 인도의 많은 사회적 이슈는 종교와 연계되어 있다. 이에 루이 뒤몽(Louis Dumont)은 "인도에서 사회적인 것은 모두 종교적이고 종교적인 것은 모두 사회적이다."라고 말하고 있다.

종교적 갈등은 카스트 제도와 연계되어 가진 자와 가지지 않은 자간의 갈등을 가져오고 있다. 상위 카스트와 달리트, 상위 카스트와 기타 후진카스트(OBC)의 갈등은 정치에 의하여 확대 재생산되고 있다. 카스트에 의한 차별을 인도의 헌법에서 금지하고 있지만 차별은 사회의 곳곳에서 존재하면서 인도인의 삶을 억누르고 있다.

인도에서 생활하는 동안 거의 매일 각종 테러에 의한 사망 사고가 TV의 Breaking News나 신문을 장식하는 것을 볼 수 있다. 인도는 독립 이후 약 50여 년 동안 테러와의 전쟁을 하고 있다. 2006년 한 해 동안 테러와 관련하여 2,765명이 사망하였다. 이 가운데 47%가 잠무-카시미르(J&K)의 분리 독립과 관련되고, 27%는 마오이즘과 낙살리즘과 같은 극좌주의, 23%는 동북부의 폭동과 관련된 사망이다. 이 수치는 2005년 3,236명에 비하여 줄어든 수치라고 하지만 인도 608개의 전체 자치구 가운데 231개에서 크고 작은 테러가 발생하고 있다. 인도 내에는 이러한 테러와 직접 간접적으로 연계된 집단이 178개 정도 되는 것으로 보고되고 있다.

인종, 언어, 문화, 종교의 다양성을 가지고 있는 인도의 내부 갈

등과 불안정은 식민지의 유산과 다양성에 의한 분리주의자들의 주
장에 의하여 더욱 복잡한 양상을 가지고 있다. 이들 분리주의자들
은 인도와 인접하고 있는 파키스탄, 버마, 부탄, 네팔 등과 연계하
여 국제적인 갈등을 유발시키기도 한다.

네루 대학의 학생 대자보

　　인도의 내부 테러 및 폭력 집단은 크게 4개 정도로 분류할 수
있다. 이슬람 주민이 다수인 카시미르주의 독립을 요구하는 세력,
오리샤 등을 거점으로 하는 낙살라이트로 불리는 극좌 공산주의
세력, 북동부 7개 주를 거점으로 하는 분리주의 세력과 극우 힌두
계로 분류할 수 있을 것이다. 이외에 미국과 인도간의 밀월 관계
가 계속되면서 알-카에다와 같은 이슬람 국제테러 조직들이 인도
에 진출할 것이라는 주장도 확대되고 있다. 이러한 인도의 테러이
즘은 종종 파키스탄의 지원을 받는 것으로 주장하고 있는데, 테러

가 발발한 뒤에 많은 인도의 언론인이나 정치가들은 파키스탄 정
보기관의 개입이 있었다는 의혹을 항상 제기한다.

인도에서의 테러는 직접 간접적으로 종교와 관련되어 있고, 이
를 정치가 확대 재생산하고 있다. P. 싱 전 정보국장은 "국가안보
가 위기에 빠진 것은 전적으로 정치적 편의주의 때문"이라고 꼬집
으면서 "지금 정치권에는 여야를 막론하고 불온세력의 침투를 막
기 위한 근본적인 대책을 세우려는 사람이 없다."고 개탄하였다.

많은 사람들이 인도의 테러는 인도 경제성장에 최대 걸림돌이
될 것이라고 지적하고 있다. 그러나 테러가 발생할 때마다 정부는
강력하게 대응하겠다는 말만 할 뿐 이에 대한 근본적인 해결책을
내어놓지 못하고 있다. 정부가 근본적인 대책을 내놓지 못하는 것
은 테러가 종교 및 정치적 갈등과 밀접하게 연결되어 있기 때문이
다. 한 예로 국민회의당은 2004년 집권하자 힌두 민족주의의 제1
야당인 인도국민당(BJP)이 2002년 12월 인도 의회가 테러당한 직
후 제정한 테러방지법(PTA)을 폐지하기도 하였다.

종교적 차별은 남녀 성차별을 가져오고, 여성이 성의 노리개로
전락하여 성의 문란으로 이어져서 570만 명이라는 에이즈 환자를
양산하여 에이즈 일등 국가를 만들고 있다.

식민 제국주의가 만든 사회적 나눔은 독립 후 종교와 정치에 의
하여 통합되지 못하고 갈등과 분열을 조장하였다. 지금 인도는 나
누어지고 있는 사회를 하나로 통합하여야 하는 국가적 과제와 전
쟁을 하고 있다. 그러나 이러한 사회적 이슈를 해결하기 위한 노
력이 뚜렷하게 보이지 않는 것도 인도의 발전을 우려하는 사람들
의 안타까움으로 남아 있다.

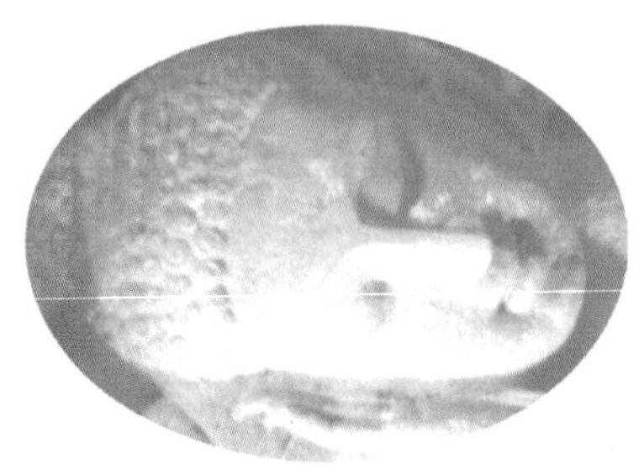

아직도 살아 숨쉬는 카스트

21세기 사회에서 카스트와 같이 태어날 때부터 죽어서까지 사회의 특정 계층에 얽매이는 나라는 얼마 남아있지 않다. 그 가운데에서 인도의 신분제는 다른 어느 나라보다 심각하다. 인도의 카스트 제도는 오랜 힌두교의 전통에 의하여 만들어진 직업과 관련된 사회적 분업체계인 동시에 결혼 및 식습관 등을 규제하는 관습이다. 서양 사람들이 인도의 복잡한 사회구조를 이해하기 위하여 카스트 제도를 승려 등의 브라만, 통치계급의 크샤트리아, 상인이나 농민 등의 바이샤, 그리고 남에게 봉사하는 가장 낮은 계급인 수드라로 구분하고 있지만, 결혼 및 직업과 관련된 자티(jati)의 구조는 매우 복잡하여 약 3,000여 개로 분류될 수 있다고 한다. 또한 이러한 계급에 속하지 않는 오염된 집단을 불가촉천민이라고 하여 거의 사람의 집단으로 보지 않는다. 달리트로 불리는 이들 집단은 인도 전체 인구의 16%에 달하고 있다. 이외에 카스트 밖에는 약 7%의 지정부족(Scheduled Tribes)이라고 하는 사람들이 살고 있다.

인도의 헌법이나 정치인들은 누구나 인간은 평등하다고 외친다. 그러나 인도의 카스트 제도는 인간은 평등하지 않다고 한다. 카스트는 세습적이고 죽어서까지 변화되지 않고 사람을 차별하는 신분구조이다. 상층 카스트인 브라만, 크샤트리아, 바이샤 계급은 두 번 태어나지만 다른 계급은 그러하지 않다고 생각한다. 사회가 변화되면서 카스트 제도도 변화되고, 돈이 카스트라고 이야기하는 사람도 있지만 카스트는 아직도 인도 사람들의 생활을 규정하는 중요한 규범이 되고 있다.

뭄바이 도비가트

이발사　　　　　　　　　　　　ⓒ 정재현

오늘날에는 카스트에 의하여 직업 선택이 제한을 받지는 않는다. 부라만 계급이 남의 집에서 청소를 하고 수드라나 불가촉천민이 정치가나 장관을 할 수 있지만 하층계급이라는 낙인은 남아 있다. 교수들은 대부분 상층 카스트 계급들이다. 최근 공무원 및 의회 의원에 대하여 하층 카스트를 일정 비율 충원하도록 하는 고용 할당제 및 쿼터제가 실시되고 있지만 상층 카스트의 오랜 가문의 전통과 축적된 지식에 대적하지 못한다. 내가 아는 네루대학의 한 학과에 하층카스트 할당제로 들어온 교수가 있는데 그 교수는 다른 교수의 하인처럼 행동하는 것을 자주 목격할 수 있었다.

아직도 카스트제도가 엄격하게 지켜지고 있는 사회제도로 결혼제도를 들 수 있다. 인도의 경우 카스트를 바탕으로 한 동족결혼의 관습은 결혼을 동일 카스트 내에서만 할 수 있도록 하고 있다. 신문의 일요판에는 항상 4면으로 된 결혼광고(matrimonial)지가 발

간되고 있다. 여기에 카스트에 상관없다는 광고도 볼 수 있지만 많은 경우 동일 카스트를 조건으로 내세운다. 인터넷 결혼 사이트의 경우에는 이것이 더욱 명확하게 제시된다. 아직도 보수적인 지역에서는 하층 카스트가 돈이 많아서 상층 카스트와 같은 호화로운 결혼식을 하면 사회적 비난을 받는다.

특히 오염된 사람으로 생각하는 불가촉천민은 모든 면에서 차별을 받는다. 이들은 같은 지역에 살지도 못하고, 힌두 사원에 들어가지도 못한다. 이러한 종교적인 차별로 인하여 불가촉천민이나 하층민들은 자신들만의 힌두 신을 따로 모시게 되는 데, 대부분 조잡한 인형으로 된 신을 큰 나무 밑과 같은 곳에 모시고 기도를 한다. 이러한 모습은 시골에서 더 심하게 남아있다.

카스트의 위계질서는 특히 식습관에서 볼 수 있다. 자이살메르에서 낙타 사파리를 할 때의 일이다. 우리 일행을 안내한 사람은 낙타 주인으로 자기 스스로 브라만 계급이라고 하는 사람과 12살 된 남자아이와 40살의 불가촉천민 3명이었다. 매 끼니의 식사는 독립 후 파키스탄과 분리될 때 인도로 넘어왔다는 주인이 준비를 하고 12살 된 남자아이는 짜파티 반죽을 하였다. 반면에 불가촉천민은 음식을 만드는 데 손도 대지 않는 모습을 볼 수 있었다.

식사는 손님이 먹고, 낙타 주인과 어린 소년이 먹고 난 뒤에야 불가촉천민의 순서대로 음식을 먹는다. 우리의 옛말에 먹는 것은 차별하지 않는다고 하지만 인도에서는 먹는 것부터 차별을 한다. 카스트제도에서는 서로 다른 카스트일지라도 음식을 서로 나누어 먹을 수 있는 관계라면 혼인도 허용되는 관계로 본다.

가끔 인도를 소개하는 TV프로에 뭄바이의 100년이 넘는 도시락 배달부인 다바 왈라들이 소개된다. 이들의 정확한 배달과 체계화된

오른쪽은 브라만, 왼쪽 끝은 불가촉천민

시스템은 놀라움을 금치 못한다. 뭄바이에서 도시락 배달이 발달한 배경은 밖에서 먹을 경우 불가촉천민과 같은 사람들에 의하여 오염된 음식을 먹을 수 있다는 종교적인 이유가 깔려 있다.

카스트 차별의 예를 보면 인도의 한 마을에서 어떤 사람이 "며느리는 밥도 제때에 챙겨주지 않고 아들은 옷도 사주지 않는다."고 마을 빤짜야뜨(마을의 자치기구)에 호소하였다고 한다. 이에 마을의 빤짜야뜨 의원들은 마을 사람들의 증언을 들은 후 아들에게 아버지에게 새 옷을 한 벌 사주어야 하며, 불효에 대한 벌로 이 부부의 뺨을 불가촉천민인 마을 세탁부의 신발로 한 대씩 때리라고 결정하였다. 불가촉천민의 신발로 뺨을 맞은 이들 부부는 적어도 6개월 동안은 마을 사람들이 자신들에게 말을 걸지 않을 것이고, 품앗이에서 제외될 뿐 아니라 농기구 하나 빌리지 못하는 신세가 되었다고 한다. 이는 아직도 시골 마을에서 불가촉천민의 지위를 간접적으로 전해준다.

전통적으로 달리트들은 사원 출입이 금지되어 있다. 달리트는 신으로부터도 버림받는 사람들이다. 불가촉천민은 우물을 같이 사용할 수 없고, 음식을 함께 먹을 수도 없고, 상류층 계급과는 같은 지역에서 살 수도 없다. 아직도 달리트들에게는 인권이 없고, 화장실 청소 같은 천한 일들은 모두 달리트의 몫이다.

또한 많은 불가촉천민들은 오랜 시간을 거치면서 사회의 구조화된 계층을 무너뜨리기보다는 그에 순응하면서 카스트의 위계질서를 자신들의 체제에 복제하여 재구성하고 있다. 이에 의하여 된 계층을 내에도 새로운 형태의 위계질서가 형성되었다.

카스트 차별은 종종 사회 폭력과 연계되어 사회적 이슈가 되고 있다. 과거보다 카스트 관련 범죄가 감소하고 있지만 카스트 관련 폭력은 항상 뇌관이 풀린 폭탄과 같은 존재라고 할 수 있다.

카스트 관련 폭력의 대표적인 집단으로 카스트 지상주의자로 널리 알려진 란비르 세나(Ravir Sea)가 있다. 이는 1994년 인도 비하르 지역의 상류 카스트 집단이 중심이 되어 만든 사설 군대이다. 란비르 세나는 주로 마오이스트인 낙살라이트와 SC와 ST로 구성된 달리트에 대응하여 활동을 한다. 그 형태나 활동이 미국의 백인 보수집단인 KKK단과 유사하여 인도의 KKK로 불리기도 한다. 이들의 활동은 지금은 타계한 불가촉천민 출신인 나라야난 전 대통령이 취임하였을 때 특히 극심하였다고 한다. 이에 대항하여 폭력집단을 이끈 여성으로 데비(Phoolan Devi)는 정치가가 되어 의원이 되기도 하였다.

카스트 갈등은 정치체제가 확대 재생산하는 경향을 보인다. 인도의 정당이나 정치가들은 카스트를 바탕으로 공공연하게 매표정치

힌두 사제
ⓒ 정재현

를 하고 있다. 1990년대 들어와서 Bahujan Samaj Party(BSP), Samajwadi Party, Janata Dal과 같은 정당들은 자신들이 후진 카스트를 대변한다고 주장하고 있고, 주로 기타 후진카스트(OBC)의 지원을 받고 있다. 이들은 종종 무슬림과 연대하여 지방선거에서 승리하기도 한다.

또한 극우 힌두 정당인 BJP도 자신들이 상위 카스트를 대변하는 정당이 아니라는 것을 보여주기 위하여 달리트나 OBC 출신을 연방이나 주 정부의 주요 요직에 앉히는 등의 활동을 하기도 한다. 예로 BJP가 집권한 2001～2002년의 대통령이었던 락시만(Bangaru Laxman)은 달리트 출신이고, 마드야 프라네쉬의 진 수상 비하라티(Sanyasin Uma Bharati)는 OBC 출신이었다.

이와 같이 카스트를 바탕으로 한 폭력과 사회의 나눔 현상을 확대 재생산하는 정치체제에 의하여 카스트 차별을 줄이고자 하는 노력들은 그 효과성이 떨어지고 있고, 효과성이 떨어짐으로써 더 큰 갈등을 가져오는 악순환의 고리를 형성하고 있다.

차별받는 여성 억압받는 여성

인도에서 여성의 지위는 이해하지 못할 것 가운데 하나이다. 힌두교나 이슬람교에서 여성에 대한 차별은 상상을 초월하는 것이지만 사회적으로 잘 나가는 여성들이 너무 많다. 대학에서 생활하다 보면 우리와는 달리 여자 교수들이 더 많고, 학과의 전권을 가지고 있는 학과장도 여성들이 많다.

인도의 최고 권력자로 누구나 지목하는 국민회의당 의장 소니아 간디(Sonia Gandhi), 현 인도의 대통령 프라티바 파틸(Prativa Patil)이 여성이고, 차기 연방총리의 유력한 주자라고 하는 불가촉천민 출신의 마야와티(Mayawati) 우타르 프라데시(Uttar Pradesh)의 주 총리도 여성이다. 델리시의 총리인 실라 딕시트(Sheila Dikshit)도 여성으로 10년째 그 직을 가지고 있다.

그렇지만 인도에서 여성은 가장 대표적인 차별의 상징으로 이야기되고 있다. 힌두의 마누법전에 의하면 여성은 나약한 존재이기 때문에 어린 때에는 부모에 의하여, 결혼 뒤에는 남편에 의하여, 나이가 들고 남편이 죽은 뒤에는 자식에 의하여 보호받아야 하는 존재로 이야기하고 있다. 즉 독립된 하나의 인격체가 아닌 종속적인 실체로 보는 것이다. 인도의 여성들은 1년에 하루는 굶으면서

남편을 위해서 기도를 한다. 인도에서 남편이 먼저 죽은 과부는
죄인처럼 생활을 한다. 남편이 병이나 사고로 죽더라도 부인이 죽
인 것처럼 굴레를 쓰고 산다.

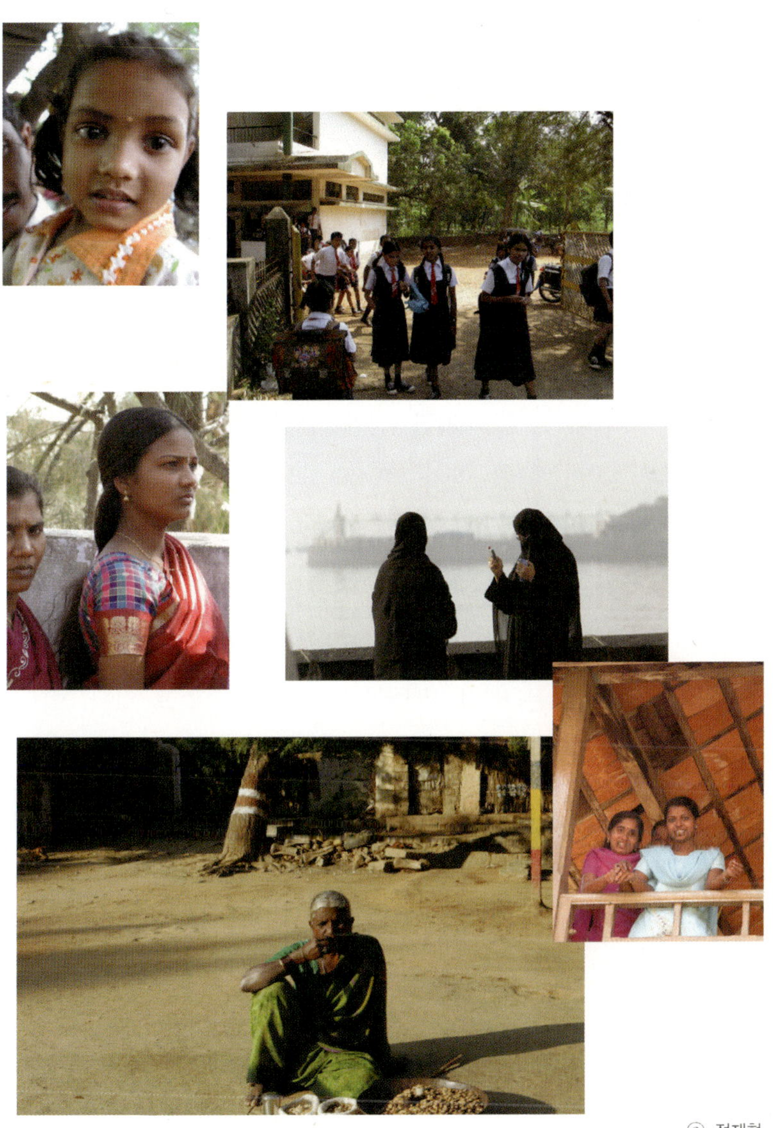

힌두신앙에서 여성은 결코 믿을 수 없는 존재이고, 음란하며, 어리석고, 탐욕스럽고, 생각 없이 행동하는 잠재적인 위험을 가진 존재이기 때문에 항상 통제하고 감시하여야 한다고 여겨왔다. 이러한 통제와 감시가 여성에 대한 가정과 사회적 차별을 가져오고 있다. 이에 여성은 종종 카스트의 가장 낮은 계급인 수드라와 동일시되는 경우도 있다. 남성의 외도에 대하여는 사회적으로 관대하지만 여성의 외도는 가족과 사회에 의하여 엄격한 제재를 받게 되고, 법 앞에서도 이러한 차별이 존재한다.

여성은 태어나기 전부터 차별을 받고 있다. 인도 북동부나 남부 께랄라 등은 서구와 비슷한 인구구조를 보이지만 보수적인 인도 북부지역의 경우에는 여아에 대한 낙태가 매우 심하다. 인도 전체적으로 불법 낙태가 연 500만 건에 달한다고 한다. 그러나 낙태 비율은 인구 대비 우리나라가 OECD 국가에서 가장 높은 나라이기 때문에 말할 자격이 있는지 모르겠다. 어쨌든 2001년 인구조사에 의하면 라자스탄 주의 남자와 여자의 비율은 100 : 92.1이고, 하리아나 주는 더 심하여 100 : 86.1로 보고되고 있다. 하리아나 주의 판치쿠라 지방은 80을 밑돌아 79.8을 보여주고 있다. 이들 지방의 어떤 마을에는 여자아이가 한 명도 없는 경우도 있다고 한다.

또한 태어나서도 여아는 부모에 의하여 불태워 죽거나 유기하는 사례가 높고, 의료혜택을 제대로 받지 못해서 남아보다 여아의 유아사망률이 매년 30~40만 명은 높다고 한다. 인도 정부는 이러한 문제를 해결하기 위해서 1994년 태아성별 감식 금지법을 제정하였으나 보수적인 구자라트 주와 같은 경우는 이 법을 채택하고 있지 않다. 실제 뭄바이에서는 남편에 의하여 임신만 하면 초음파 검사를 하여 10번이나 낙태수술을 강요받았다고 경찰에 고발하는 사건

카주라호 사원 보수 공사장의 여인들

도 있었다.

　여성은 성에 있어서도 차별을 받고 있다. 여성은 남성보다 순결이 강조되어 과거에는 유아 혼이 성행하기도 하였다. 또한 아직도 농촌 지역에서는 어린 여자아이를 7만 루피를 받고 팔아넘긴 사례도 있다. 2006년 타임즈 오브 인디아에 의하면 구자라트 주에서는 아내를 돈을 받고 빌려주는 사례도 있다고 보도하고 있다. 결혼하지 않은 상위 카스트나 농부들에게 월 8,000루피 성노 받고 사기의 아내를 빌려주었다는 것이다. 이러한 사례들은 인도 사회에 팽배하고 있는 남녀 불평등과 여자의 남성에 대한 종속물로 보는 전통의 산물들이라고 할 수 있다.

　여성에 대한 생존과 출생의 차별은 사회적 차별로 이어져서 여성의 문맹률은 남성의 배 이상이 되고 있다. 결혼 뒤에도 여성은 근본적으로 음란하고 남성을 유혹하기 때문에 이동과 타인과의 접촉을 통제하여야 한다고 생각한다. 이에 의하여 여성의 사회생활과 직업 선택의 자유는 제한되고, 상위 카스트에서는 여성이 직업을 가지는 것을 가문의 수치로 여기는 경우가 아직도 존재한다.

여성에 대한 이동의 통제로 대도시나 지방 중소도시나 해가 진 뒤에 거리에서 여성을 본다는 것은 힘든 일이다. 최근 델리와 같은 대도시에서 여성들이 밤에 다니는 것이 늘고는 있지만 자가용을 이용하는 경우를 제외하고는 아직도 자유스럽지 못하다. 여성들이 밤에 다니고자 하면 항상 남자가 보디가드처럼 따라가지 않으면 위험하다. 가장 보수적인 도시라고 하는 바라나시의 경우 해만 지면 여성들을 거리에서 아주 볼 수가 없다.

밤에 다니는 여성은 가정에서 통제가 되지 않은 사람으로 여겨서 성희롱을 해도 된다는 생각을 가지고 있다. 이에 의하여 외국인 여성들이 현지인에 의하여 집단적인 성희롱을 당하는 사례들이 자주 매스컴에 등장을 한다.

여성에 대한 통제로 가게를 운영하거나 서비스 산업에 종사하는 사람들은 거의 대부분 남성들이다. 아직도 북부의 시골에서는 여성들은 자신의 얼굴을 가리고 살아야 한다. 도시에서도 특별한 경우이겠지만 남편이 출근할 때 부인을 집에 두고 문을 밖에서 잠그고 가는 경우도 있다고 한다.

여성에 대한 사회적 차별은 삶의 여러 곳에 산재하여 있다. 남성들의 복장은 모두 서구화되고 있지만 여성들은 대도시의 젊은 여성층을 제외하고는 전통적인 의상인 사리나 사르와르 카미즈에서 벗어나지 못하고 있다. 노동에 있어서 가사노동까지 합하면 평균 남자보다 1시간 이상을 더 많이 일하고 있으며, 다우리(지참금)

에 의한 학대로 매년 5,000여 명이 자살한다고 한다. 인도의 거리에 있는 공중화장실도 대부분 남성용이다.

인도의 경우 하층 카스트에 대한 여성 차별은 종종 상상을 초월한다. 2004년 마드야 프라데시주에서는 하위 카스트에 속한 여자 3명을 40명의 남자들이 집단으로 성폭행한 사건이 발생하였다. 남자들은 성폭행 피해자 중 한 명의 아들이 상위 카스트의 딸과 눈이 맞아 도주한 데 대한 보복 조치로 이 같은 범행을 저지른 것으로 알려졌다. 2003년에는 16세의 달리트 소녀가 한 상류층 남자가 자기를 강간했다며 고발하자, 이에 격분한 남자의 아버지가 이 소녀에게 휘발유를 뿌려서 불에 태워 죽인 사건이 발생했다.

여성들은 재산의 소유나 가정 폭력으로부터 자유스럽지 못하다. 법적으로 보장된 여성들의 재산권을 위해서 투쟁하는 여성들은 소수이고, 다우리의 피해를 법적으로 보장받는 여성들은 신문의 기삿거리가 되고 있다. 아직도 여성을 불태워 죽이고 부엌에서 불이 나서 죽었다고 위장하는 사례는 일반적인 가정 폭력의 수단으로 이용되기도 한다.

인도의 여성들은 매우 강하다. 여성 차별은 근본적으로 강한 인도의 여성들을 남성들이 종교와 제도에 의하여 억압을 한 것이 아닌가 생각된다. 이러한 억압 속에서도 차별에 대한 논의는 우리보다 더 활발하다. 1829년 남편이 죽으면 여성이 같이 죽는 사티(sati)를 법적으로 금지한 뒤에 다양한 차별금지 제도들이 만들어지고 있지만 여성들이 인간답게 살기까지는 많은 시간과 우여곡절이 필요하리라 생각된다.

결혼식 이야기

　인도는 지역이 넓고 문화와 종교가 다양하다 보니 결혼풍습도 매우 다양하다. 특히 북동부의 부족들이 거주하는 지역의 경우에는 이슬람 문화와 같이 일부다처제가 최근까지 성행하였다고 한다. 내가 아는 학생 가운데 아루나찰 프라데쉬에서 온 학생의 경우 자기 할아버지는 부인이 4명이었고 그 자녀가 40명이 넘었다고 한다. 자기 아버지도 부인이 2명이고 형제들이 14명이라고 한다.

　인도의 생활 문화 가운데에서 전통이 가장 많이 살아있는 부분이 결혼제도라고 할 수 있다. 인도의 결혼은 기본적으로 동일한 부족이나 자띠(jati: 카스트의 세부 범주) 내에서 이루어진다. 그러다 보니 대부분의 결혼은 연애결혼보다는 중매결혼이 지배적이다. 중매결혼에서 중요한 것이 우리와 같이 궁합을 보고 궁합이 맞아야 대부분 성사된다. 인도의 힌두교인들에 있어서 결혼은 종교적인 의무이고 결혼에 의해서만 윤회의 삶이 완성된다고 본다. 또한 결혼은 개인적인 것이라기보다는 부모와 집안의 일이라는 생각이 커서 중매결혼이 일반화되고 있다.

　인도신문의 일요일판에 보면 결혼광고(matrimonial)가 별도로 4면이 끼워져 있다. 결혼광고에는 지역, 카스트, 채식 여부, 연령/키,

결혼식장의
신부

직업, 언어, 학력과 전화번호 등이 적혀 있다.

　이 가운데에서 가장 중요한 것이 종교라고 할 수 있다. 최근 들어 드물게 카스트를 넘어서는 결혼을 하기 위해서 도시로 도망을 가는 경우가 있다고 하지만 아직도 카스트와 연계된 족내혼의 전통은 가장 중요한 사회적 규범이 되고 있다.

　인도의 결혼식도 우리와 같이 힌두사제가 신랑 신부의 사주를 가지고 길일을 선택하여 이루어지게 된다. 결혼식은 우리와 비슷하게 10월에 많이 이루어지고, 일주일 가운데 행운의 날인 금요일에 많이 이루어진다. 금요일은 코끼리 신 가네샤의 날이다.

인도의 결혼식은 가문의 힘과 위상을 많은 사람들에게 보여주는 시간이다. 그러다 보니 결혼식 초청장부터 화려함의 극치를 달린다. 최근에 내가 가르친 여학생이 결혼한다면서 가져온 초청장은 A4 용지 크기에 색실로 장식한 것이었다. 초청장 안에는 수공예품으로 알림장과 신부 집에서 이루어지는 결혼식 프로그램, 신랑 집에서 하는 리셉션 초청장 등 3장의 카드가 들어 있었다.

인도 델리의 유명한 이슬람 사원인 자미 마스지드 근처에 있는 짜우리 바자르에 가면 이 초청장을 제작하는 전문거리가 있다. 도매를 주로 하니 한두 장씩 사기는 어렵지만 그 호화로움과 정성스레 만든 초청장을 보는 것만으로도 즐겁다.

여학생이 초청장을 가지고 온 날 축의금으로 1,001루피를 주었다. 인도에서 0이란 숫자는 끝을 의미한다고 한다. 그래서 부조금을 0이 되지 않도록 준다는 이야기를 들어서 1,001루피를 봉투에 넣어서 건네주었다.

이 여학생의 결혼식 이야기를 하고자 한다. 초청장에는 신랑이 결혼식장에 오는 시간이 저녁 8시 30분으로 되어 있어서 시간에 맞추어서 간다고 나섰지만 밤이고, 초행길이고, 사이클 릭샤와의 사소통이 제대로 되지 않아서 그 지역에 있는 여러 곳의 커뮤니티 센터(우리의 동사무소 형태)를 헤매게 되었다. 그날이 길일인지 커뮤니티 센터마다 결혼식이 있었다.

오늘날 대도시의 결혼식장은 공원이나 커뮤니티 센터 정원 등에 텐트를 쳐서 만들고 있다. 그 규모는 가문의 위상에 따라서 다르다고 하는 데 이 여학생의 경우에는 약 300여 평 정도는 되어 보였다. 식장 입구에는 우리와 같이 축의금을 받는 곳은 없고 단지 신랑의 아버지와 남자 친척들이 손님을 맞이하고 있었다.

결혼식장의 바닥은 전부 카펫이 깔려 있었고, 단상은 화려한 꽃과 레이스들로 장식되어 있었고 화려한 의자가 2개 놓여 있었다. 단상 앞에는 의자와 소파가 200여 개 놓여 있고, 단상 옆에는 큰 스피커와 오디오 시스템이 있고 그 앞에는 춤을 출 수 있는 공간을 만들어 놓는다. 우리의 단란주점을 옮겨 놓은 듯하다. 조명에 의하여 오색찬란한 불빛이 돌아가고 하객들이 반주에 맞추어 춤을 추고 있었다. 인도에서는 결혼식장이나 결혼식 리셉션장에서 춤을 추는 것도 큰 부조로 생각한다. 스피커의 소리는 최대한 크게 하고, 계속해서 빠른 템포의 유행가가 흘러나와서 옆 사람과 대화하는 것도 어려울 정도였다.

식장 입구 맞은편에는 중형자동차가 놓여 있었다. 내부에는 비닐이 그대로 있고, 보닛에는 큰 꽃다발이 놓여 있었다. 한 학생에게 물어보니 다우리(지참금)라고 한다. 최근 도시의 결혼식장에서는 이와 같이 다우리로 가지고 가는 자동차, 가구, 전기제품을 식장에 전시하는 것이 하나의 관습처럼 되고 있다고 한다. 이 다우리로 현대 자동차, 삼성과 LG의 가전제품들이 중산층 이상의 집안에서 필수품처럼 되고 있다. 하층민의 경우에는 오토바이, 자전거, TV 등이 중요한 품목으로 들어가고 있다고 한다.

식장에는 뷔페 음식이 준비 되어 있는데 음료, 채식, 육식 및 탄두리를 요리하는 곳으로 나누어져 있었다. 모든 요리는 우리와는 달리 그 자리에서 요리를 하여서 내어 놓고 있어서 결혼식 음식을 먹고 식중독을 염려하지 않아도 될 듯싶었다. 하객들은 뷔페 음식

을 먹으면서 환담을 하고, 서빙 하는 사람들은 계속 음료와 음식
을 날라다 준다.

결혼식장의 신랑 신부

　8시 반에 온다는 신랑은 11시 반이 되어서 나타났다. 신랑은 식
장 1Km 전부터 행진을 하면서 왔다. 폭죽과 색종이를 뿌리는 사
람이 앞서 가면서 폭죽을 터뜨리고, 그 뒤로 약 15명 정도의 밴드
단이 나팔과 북을 치고, 이어서 인도의 전통 악기인 더불락 등의
타악기를 연주하는 5명의 사람이 뒤따랐다. 행진을 하는 양쪽에는
이동식 샹들리에를 머리에 이고 선깃불을 밝히는 아이들이 같이
간다. 다음으로 신랑 가족과 친지들이 계속 춤을 추면서 행진을
한다. 그 행렬의 맨 뒤에 신랑이 페르시아 왕자처럼 흰 비단옷에
수를 놓은 화려한 옷과 터번을 쓰고 백마에 동자를 태우고 천천히
행진을 한다. 약 1Km 정도 오는 데 1시간 정도는 걸린 듯하였다.
　특히 결혼식 행렬 가운데 밴드가 몇 명으로 구성되는가로 그 집

안의 지위와 규모를 알 수 있다고 한다. 가난한 사람들은 5~6명의 밴드를, 더 가난한 사람은 친구들이 전통악기로 결혼을 알린다. 이러한 밴드의 행렬은 지역에 따라서 낮에 이루어지기도 한다. 라자스탄에 있는 치토오르가르를 여행 중에는 한낮에 이들 행렬을 볼 수 있었다. 이들은 약 20여 명의 밴드와 머리에 2~3개씩의 포트를 포개서 이고 가는 10여 명의 여인들낮에갠족 친지들이 따르고 맨 뒤에는 백마를 탄 신랑이 따르면서 시내를 돌고 있었다. 그 길이만도 30~40m은 되는 듯하였다. 이러한 행사도 하층 카스트나 불가촉천민은 아무리 돈이 많다고 해도 할 수 없다.

약 1Km의 행진을 하는 동안에 중간 중간 정지하여 악대들의 반주에 맞추어서 춤을 추면 친척들은 10루피짜리 돈을 뿌린다. 뿌린 돈은 대부분 악사들이 가지고 간다. 라자스탄의 죠드뿌르에서는 결혼 분위기를 돋우기 위해서 무희들을 고용하여 계속 춤을 추게 하고, 이들에게 계속 돈을 머리에 뿌려서 흥을 돋운다.

식장에 들어오는 신랑은 신부의 어머니가 뿌자로 맞이하고, 신랑이 단상에 올라간 뒤에 신부가 나와서 같이 의자에 앉으면 친지나 하객들이 인사를 하고 사진 찍는 시간이 이어지게 된다. 그 중간에도 스피커에서는 음악이 나오고 남자와 여자 친구들이나 친지들이 끊임없이 춤을 춘다.

본격적인 결혼예식은 2시가 되어서 힌두 사제가 집행을 하였다. 예식은 비교적 간단하게 이루어지는 데 작은 모닥불 주위를 오른쪽에서 왼쪽으로 일곱 바퀴를 돈 뒤에 마무리되게 된다. 그 이후 친구들과 하객들은 함께 먹고 춤을 추는 시간을 가지게 된다. 결혼식은 새벽이 되어서 돌리(Doli)라는 신부가 신랑 집으로 떠나는 행사를 하는 것으로 신부 측의 결혼식이 마무리 된다.

　결혼식 과정에서 신부 측 가족들은 그렇게 즐거운 것처럼 느껴지지 않았지만 신랑 측의 참석자들에게서는 큰 즐거움을 볼 수 있었다. 떠나보내는 것에 대한 서운함은 세계 어느 곳에서나 볼 수 있는 인지상정인 듯하다. 결혼식은 며칠 뒤 신랑집 근처에서 리셉션을 하는 것으로 마무리 되었다. 여학생이 이 리셉션에도 꼭 참석해 달라고 전화까지 하였지만 다른 약속이 있어서 가지 못한 것이 못내 아쉬움으로 남았다.

인도의 다우리

지난 96년 3월 의대 졸업생 ㅅ씨(33세)와 결혼한 ㅇ씨(27세. 여)는 혼례를 앞두고 시댁이 아파트 전세금과 예단비 등을 요구하자 각각 8,000만 원과 3,000만 원을 주고, 이와는 별도로 예물과 가전제품, 예식비 등으로 8,000만 원을 지출해 모두 1억 9,000만 원을 혼사비로 썼다. 그러나 ㅅ씨와 시부모 등은 혼수가 적다며 "병원 수련의 과정에 들어가기 위한 로비자금을 내라", "3억 5,000만 원짜리 아파트를 사 달라" 등의 요구를 계속했으며, ㅇ씨는 시댁의 구박을 견디지 못해 친정에서 2,000만 원과 승용차 할부금 850만 원을 받아 추가로 가져다주었다. 이에 ㅇ씨(27·여)가 남편 ㅅ씨(33·ㅇ대 의대졸업)와 시부모를 상대로 낸 위자료 등 청구소송에서 "남편 ㅅ씨와 시부모는 위자료 1억 원과 재산분할금 9,000만 원을 지급하고 두 사람은 이혼하라"며 원고 승소판결을 내렸다. 우리나라 이야기이다.

다우리(dowry)는 신부 지참금을 의미한다. 다우리 제도는 결혼한 여성이 신랑에게 가지고 가는 돈, 재화 및 부동산 등을 말한다. 신부 지참금 제도는 신랑 지참금 제도와 함께 하나의 고대 관습이다. 고대 사회의 관습으로는 신부 지참금 제도와 함께 결혼을 위해서 신랑이 신부에게 주는 신랑 지참금 제도도 똑같이 관습적인 제도로 존재하였다.

라자스탄의 결혼식 행렬

함무라비 법전에서는 신랑 지참금을 언급하고 있고, 우리의 경우에도 신랑 지참금 제도가 존재하였다. 고구려 시대에 신랑은 장가를 가기 위해서는 데릴사위 형식으로 신부 집에서 몇 년씩 노역을 하여야 신부를 얻을 수 있었다 연산군 때에는 신랑 지참금과 관련된 혼수 사치가 심히어 서민층뿐 아니라 중산층까지도 아들을 여의지 못하는 사례가 많아서 사회문제가 된 적도 있다. 이러한 관습이 언제부터인가 신부 지참금 형태의 혼수로 변화되었다.

다우리를 여성 상속의 한 형태로 보는 관점도 있지만 신부 지참금 제도는 남녀차별이 심한 사회나 가부장적인 사회규범이 강한 사회의 전통과 밀접하게 연계되어서 시집을 간 딸에 대한 차별을 완화하기 위한 수단으로 사용된다. 즉 다우리 제도는 남녀차별이 심한 나라에서 신부가 신랑이나 시댁으로부터 구박받지 않고 잘 살기를 바라는 마음에서 준다. 이에 남녀 성차별이 존재하는 한 다우리 제도는 없어지지 않을 것이라고 주장하는 사람들도 있다.

다우리 제도가 아직도 사회적으로 만연되어 문제시 되고 있는 나라가 인도이다. 인도의 다우리 제도가 사회의 전통으로 뿌리깊게 내려오는 것은 그것이 종교적인 규범과 연계되어 있기 때문이기도 하다. 인도의 마누 법전에서는 시집가는 딸이 시가에서 잘 살아가기를 기원하는 뜻에서 신부는 다우리를 지참할 것을 이야기하고 있다. 인도의 경우 다우리는 양가의 합의에 의하여 이루어지지만 실제에서는 신랑 측의 일방적인 요구 형태가 많다고 한다. 문제는 다우리가 결혼 이후에도 신랑이나 시가의 요구에 의하여 지속된다는 것이다. 인도에서 시집식구들이 친정에 다녀오라는 것은 쉬고 오라는 의미보다는 다우리를 만들어가지고 오라는 의미란다. 인도의 결혼전통에 의하면 신부집은 신랑 집으로부터 아무것도 받지 않는 불평등적인 의식이다.

인도에서 다우리의 크기는 신부 집안의 지위나 가정 상황에 따라서 다르지만 거의 모든 결혼에 다우리가 함께 한다고 한다. 아주 가난한 빈민이라고 하더라도 자전거 한 대라도 사가지고 가야 한다. 우리의 경우 종래 행정고시나 사법고시를 붙은 사람이나 의사의 경우 키 세 개(아파트 키, 자동차 키, 금고 키)가 있어야 한다는 이야기가 있듯이 인도의 경우에도 우리와 유사하게 사(師, 士)자가 들어가는 변호사, 의사, 행정고시 합격자의 경우 우리 돈으로 5,000만 원 이상의 다우리가 필요하다고 한다.

최근 중산층 이상의 집안이 결혼할 경우 자동차는 필수라고 한다. 앞에서 이야기 한 여학생의 경우 집은 20평 정도의 관사에 살고, 아버지가 경찰 공무원인데 그 여학생의 결혼식장에 가보니 도요타 중형차인 캠니(Camry)가 의자의 비닐도 벗겨지지 않은 상태로 결혼식장 정면에 놓여 있었다. 그 가격이 약 우리 돈으로 2,500만 원을 호가하는 것으로 인도 중상류 봉급자의 5년 이상을 모아야 살 수 있는 것이다. 약간의 안면이 있던 네루 대학 교수의 경우에도 타고 다니고 있는 현대 소형차가 다우리로 받은 것이라고 학생들이 귀 뜸을 해주었다.

최근 인도의 혼수품으로 현대 자동차, 삼성 TV, LG 냉장고 및 가구 등이 인기가 있다고 한다. 도시의 결혼식장에는 이러한 혼수품을 결혼식장에 진열하여 가문의 위신과 명예를 높이려고 한다. 우리의 경우 혼수품으로 60~70년대에는 반상기 세트, 80년대에는 컬러TV, 120ℓ 냉장고, 반자동 세탁기, 2000년대에는 문이 두 개인 냉장고, 드럼세탁기, 홈시어터 등이 인기 혼수품이 되고 있는 것과 같은 모습들이 인도에서도 그대로 나타나고 있다.

그러나 인도의 경우 대부분의 결혼식 비용을 신부 측에서 부담을 하게 된다. 그 비용의 최저한도가 신부 아버지의 1년 연봉 정도는 된다고 한다. 다우리 금액과 관련하여 한 신문에 의하면 상인 계급의 아들이 좋은 곳에 점포를 하나 가지고 있을 경우에 신붓감을 찾기 위해서 경매를 붙인다면 약 1천만 루피는 받을 것이라고 한다. 우리나라 돈으로 환산하면 2억 5,000만 원 정도 되는 것이다. 그러니 다우리 빚을 갚는 데 10년은 걸린다는 말이 인도에서 나오는 것은 거짓말이 아닐 듯싶고, 다우리를 "딸 가진 아버지의 허리"란 속담이 나올 만하다.

인도에서 다우리 제도는 다양한 사회 문제를 가져오고 있는데

가장 심각한 문제로 다우리 죽음을 지적하고 있다. 인도 경찰의 발표에 의하면 인도에서는 35분마다 여성을 상대로 하는 범죄가 발생하고 있고, 104분마다 한 명의 다우리 죽음이 발생하고 있다고 한다. 1년에 5,000명 이상의 여성들이 다우리로 죽어가고 있다는 것이다. 수도 델리만 하더라도 다우리에 의하여 12시간마다 1명의 여성이 불에 타죽고 있다고 한다. 이러한 다우리 죽음 외로 다우리와 관련된 여성 학대는 일상적인 사건이 되고 있다.

다우리로 준비한 자동차

인도는 다우리를 금지하기 위하여 1961년 다우리 금지법(Dwry Prhibiti Act, 1984년과 86년 수정)을 제정하여 다우리를 주고받는 것을 금지하고 있다. 그러나 이 법은 이빨 빠진 호랑이와 같다. 실제 다우리 문제가 법적 소송으로 가는 것은 2% 정도에 불과하고 법적 소송의 경우 여자가 승소할 확률도 매우 낮다고 한다. 2005년 다우리와 관련하여 체포된 134,757명 가운데 4.25%인 5,735명만이 유죄 판결을 받았다고 한다. 2005년 델리 경찰에 신청한 다우리 소송은 1,642 건에 달하고 있다. 그러나 농촌 지역의 경우 아직도 이러한 소송이 일반화되어 있지 못하고 종종 법을 집행하는 경찰이 사회적 약자인 여성보다는 남성 중심으로 집행하다 보니 법 집행 과정에서도 여성들은 많은 불이익을 받고 있다.

2007년 라지코트의 22세 된 여성은 다우리 학대를 신고하였으나 경찰이 미온적으로 대응하자 속옷만 입고 거리 항의를 하여 매스컴의 주목을 받은 뒤에 경찰이 남편과 시집식구를 체포하였다는 기사가 있었다.

한편 다우리 금지법과 관련하여 일부에서는 이 법이 남성에 대한 역차별을 가지고 오는 제도로 개정이 필요하다는 주장이 나오고 있다. 남성 권익을 주장하는 SIFF(Save India Family Foundation)는 다우리 죽음과 관련하여 공식적으로 제시되고 있는 통계의 65%가 거짓이라고 주장하고 있다. 다우리에 의하여 죽었다는 통계의 대부분이 자살과 관련이 있다고 한다. 그러면서 인도에서는 실제로 남성과 여성의 자살률이 64 : 36(2005년 National Crime Records Bureau)로 남성이 더 많다고 한다. 다우리 금지를 주장하는 사람들이 이러한 통계를 반 남성 감정을 부추기기 위해서 사용하고 있다고 한다. 또한 다우리 금지법을 부도덕한 부인들이 돈을 챙기거나 이혼을 하기 위한 수단으로 남용하고 있다고 한다. 위장 결혼을 한 뒤에 다우리 소송을 하여 돈을 챙긴다는 것이다. 그러나 이와 같은 남용의 비율은 전체 소송의 2% 정도밖에 되지 않는다는 주장도 있다.

인도 사회에서 다우리가 종교와 연계되어 있고, 뿌리 깊은 남여 차별과 깊은 관련이 있는 한 다우리에 의하여 불에 타 죽는 여성들의 죽음도 쉽게 없어지지는 않을 것이다.

인도의 HIV/AIDS 문제

인도의 대도시 빈민가나 시골을 여행하다 보면 벽에 콘돔을 사용할 것을 권하는 문구를 자주 볼 수 있다. 그리고 인도에 장기 체류 비자를 발급받기 위해서는 AIDS 검사 증명서를 제출하여야 한다.

UN의 추계에 의하면 인도의 에이즈 환자 수는 200~300만 명 정도로 추산(인도정부는 2006년 245만 명으로 추산)하고 있다. 한편 HIV 감염자 수는 2005년 추계로 520만~570만 명 정도로 추계하고 있다. 이는 아시아 전체 감염자 수의 60%에 해당한다. 이러한 감염은 특히 농촌의 여성이 높은 것으로 보고되고 있다. 인도의 HIV 보균율은 미국, 캐나다, 이태리, 프랑스 등의 0.36%보다 높은 0.41%이고, 감염자 수는 세계에서 가장 많은 인구를 가진 나라이다. 그러나 이러한 수치가 과장된 면이 있다는 주장도 있다. 어쨌든 인도 정부 입장에서는 외국인에게 비자를 발급해 줄 때 에이즈 검사를 의무화할 정도로 심각한 문제로 받아들이고 있다.

인도의 에이즈 감염 경로는 약 85%가 매춘 등의 이성간 성적 접촉으로 감염되는 것으로 보도 되고 있는 데 종종 동성 간의 성 접촉이나 감염된 의약품이나 의료기기의 공동사용 등을 통하여 감염되고 있는 것으로 파악되고 있다.

중성의 히즈라　　　　　　　　　　　ⓒ 정재현

　최근 젊은 여성들에 대한 교육과 콘돔 사용에 대한 홍보 등으로 감염 수치의 증가가 줄어들고 있지만 높은 문맹률에 의한 HIV/AIDS의 위험성에 대한 인식의 부족, 낮은 콘돔 사용 및 국가적인 차원에서 에이즈 통제 프로그램이 제대로 작동하지 않기 때문에 전염을 획기적으로 줄이지 못하고 있다. 예방을 위하여 무료로 제공하고 있는 콘돔이 제대로 공급되지 못하고 있고, 에이즈 예방을 위하여 활동하는 사람들에 대하여 경찰들이 폭력을 행사하는 등의 문제가 발생하고 있다. 또한 우리나라와 같이 에이즈 감염자에 대한 잘못된 인식도 감염자가 드러나게 치료를 받지 못하는 요인이 되고 있다.

　인도의 경우 성노동자는 약 230만 명에 달한다고 한다. 때로 뭄바이가 아시아 최대의 매춘도시로 알려지기도 한다. 뭄바이의 경우 약 10만 명의 성노동자가 있으며 이들의 50%가 HIV 감염자로 추산하고 있다. 이러한 성노동자는 주로 대도시를 중심을 활동하는데 대표적인 지역으로는 꼴까다의 송가치(Sonagachi), 뭄바이의 카마티뿌라(Kamathipura), 뉴델리의 지 비 로드(G.B. Road), 뿌네의 부드와(Budhwar)등이 홍등가로 알려졌다.

인도에서 동성애자는 인도 형법에 의하여 범죄로 분류하고, 동성애자에게는 10년에서 최고 종신형에 처할 수 있도록 하고 있다. 이 규정은 성매매, 동성애 및 HIV/AIDS 예방을 위한 수단으로 활용되고 있다. 그러나 이 법은 거의 집행되지 않고 있는 실정이다.

델리의 라즈 파트(Rajpath)나 연인들의 밀회 장소로 많이 이용되

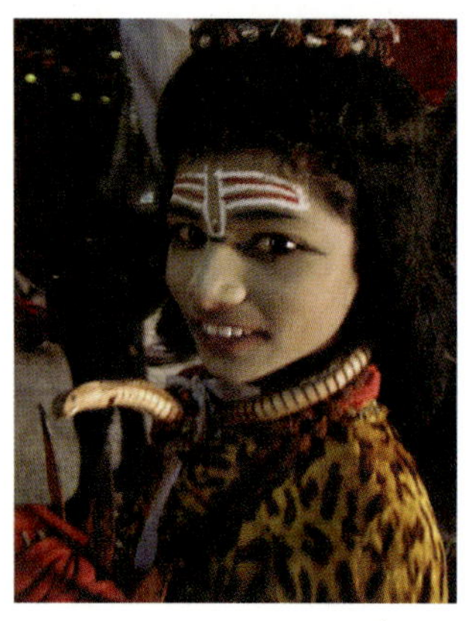

는 뿌라나 낄라(Purana Qila) 또는 길거리에서 여장남자라 할 수 있는 히즈라(Hijra)를 종종 볼 수 있다. 이들은 연인들에게 다가가서 돈을 요구하기도 한다. 인도에는 이런 제3의 성을 지닌 히즈라가 약 50만 명이 있다고 한다. 인도인들은 이들을 동성연애자, 성불능자, 또는 소명을 받은 자로 여긴다. 히즈라가 되기 위해서는 남성의 성기를 제거하여야 한다. 히즈라들은 자신들끼리 일종의 가족관계를 형성하면서 공동체 생활을 한다. 인도인들은 이들이 축복과 저주를 모두 내리는 능력이 있다고 믿는다. 히즈라는 결혼이나 탄생 축하 잔치에 축복과 공연으로 돈을 번다. 한편 이들은 두려움과 경외의 대상이기도 때문에 이들이 요구하는 것을 대부분의 사람들은 들어주게 된다. 이들도 에이즈로부터 자유스럽지 못하다.

인도의 공무원

한국 학생이 비자 연장 등을 위하여 대학에서 증명서를 발급하고자 할 경우에 한 번에 발급받았다고 이야기하는 학생은 없다. 최소한 2일 3일은 걸리고, 발급을 위해서 서너 시간을 기다려야 한다. 담당자가 증명서의 문구를 작성하여 인쇄하였다고 하여도 책임자 사인을 받지 못해서 몇 시간을 기다리는 것은 예사다. 더 울화통이 터지는 것은 시간이 없어서가 아니라 짜이를 마시고, 인터넷을 하고, 잡담을 하면서 일을 처리하여 주지 않는다는 것이다.

인도 관공서의 일 처리는 과거 우리의 전당포처럼 쇠창살이 있는 작은 문을 통하여 접수를 받고 일을 처리하여 준다. 이러한 일을 처리하기 위해서 줄을 서는 것은 일상화되어 있고, 아침 일찍 가지 않으면 오전에 일을 보는 것은 불가능하고, 오후에 조금만 늦으면 다음날 다시 가야 한다. 인도 공무원의 권위주의는 이러한 유리창에서 나오고 사람을 기다리게 하는 것으로 표현되며, 이에 의하여 그들의 권위는 더욱 커지게 된다. 전형적인 전통관료의 행태인 것이다. 급하지 않은 인도인들은 이 모든 것을 인내로 받아들인다.

2009년 2월 로이터 통신에 의하면 인도의 70대 의사가 24년 전

뇌물로 단돈 25루피(약 710원)를 받은 죄로 교도소에 수감되었다고 한다. 발고빈드 프라사드라는 의사는 1985년 25루피를 받고 가짜 의료진단서를 발급해준 대가로 경찰에 체포되어서 1992년 법원에서 징역 1년형이 선고된 바 있으나, 항소를 하여 일단 풀려났었다. 인도 고등법원은 2009년에 와서 징역 3개월 형을 선고하여 구속 수감되게 되었다는 것이다. 인도의 재판이 20여 년씩 가는 경우가 이상한 일이 아니다.

만만디라고 하는 중국보다 더하면 더 한다. 발전도상국의 관료제에서 볼 수 있는 기본적인 특징들을 모두 볼 수 있는 것이 인도 공무원 사회이다. 인도에서 공무원은 축복받은 사람들이다. 인도 공무원들은 주택 융자와 의료 지원 등 봉급 이외에 각종 혜택의 최우선 순위에 있다. 특히 고위공무원들은 인도의 열악한 인프라에도 불구하고 끊이지 않는 전기와 수돗물을 사용할 수 있고, 개인당 2대의 휴대전화를 지급받으며, 비행기나 1등 칸 열차를 무제한으로 탈 수 있다. 많은 경우 비서, 기사, 파출부 등 10여 명 사람들의 봉사를 받는다. 이들에 대한 봉급은 국가가 대신 지급한다.

인도 공무원들의 월급이 적다고 한다. 인도 공무원의 봉급 수준은 2005년 기준으로 대략 다음과 같다. 이에는 다양한 수당을 포함하고 있지 않은 수준이다.

* 하위직 공무원: 8,000 Rs ~ 13,500 Rs

* 중간직 공무원: 10,650 Rs ~ 13,500 Rs

* 상위 관리직 공무원: 12,750 Rs ~ 16,500 Rs

* 사무관 급(Additional Secretary): 22,400 Rs ~ 24,500 Rs

* 차관/장관(Secretary/Cabinet Secretary): 26,000 Rs /30,000 Rs

인도 대통령 궁

2008년 금융위기 이후에 인도 정부는 이들 연방 중앙공무원의 봉급을 40% 이상 대폭 늘려서 소비를 촉진하겠다는 발표를 하기도 하였다. 우리나라 돈으로 환산하면 3조 원이 넘는 것이다. 2009년의 선거를 의식한 선심성을 부정할 수 없다.

2000년 현재 인도의 공무원 수는 2,100만 명 정도 된다. 인도는 현대적인 의미의 직업공무원제도를 확립하고 있다. 이들은 사회에서 중요한 사회계층으로 특권과 권력을 가지고 있으며, 국정집행의 핵심체로서 정치권으로부터 확연히 분리되어 있다.

이 가운데에서 우리나라의 행정고시와 같은 고위직인 Indian Administrative Service (IAS)에 지원하는 사람은 매년 약 30만 명으로 이 가운데에서 60~90명 정도를 선발한다. 이외에 해외 유학자 등에 대한 특별 채용의 길들이 열려 있다. 이에 의해서 고위공무

원의 자부심과 능력은 매우 높다. 연방조직의 고위공무원들은 현대
적 가치관과 품위를 유지하고 있고, 업무처리에 있어서도 탁월한
능력을 발휘하는 경우가 많이 있다.

　공무원은 자기에게 주어진 권한에 있어서는 고위직이건 하위직
이건 왕처럼 행동을 한다. 이는 모든 것이 법규화 되어 있지 않은
상황에서 공무원의 재유재량권을 확대하게 되고, 이러한 자유재량
권은 부패와 연계되고 있는 것이다.

델리 대학교의 증명서 발급 창구

인도의 부패

　델리 외곽에서 들어올 때 시 경계에 수 마일씩 화물차들이 늘어서 있고, 차 주변에 운전수들이 모여 있는 것을 볼 수 있다. 델리로 들어오기 위한 허가증을 받기 위해서이다. 이 과정에서 100루피 정도의 뇌물을 주어야 한다고 한다. 이와 같이 도시 경계선에 화물차들이 늘어 서 있는 모습들은 대도시 어느 곳에서나 볼 수 있다.

　인도에서 1년을 살다가 귀국하기 위해서 세관에서 짐을 부치러 간 한국인 교수는 정상적으로 하면 3일 정도는 걸리고 꼼꼼하게 포장한 짐을 다 풀어서 조사하여야 한다면서 세관원이 겁을 주었다고 한다. 돈을 달라는 이야기라 급행료를 주고 몇 시간 만에 처리하고 왔다고 한다. 어떤 한국인은 400루피 정도 되는 상품 샘플 통관비용으로 600루피를 주었다고 한다. 배보다 배꼽이 크다.

　내 경우도 외국인 등록 사무소에 거주지 증명서를 받기 위해서 거주 증명서를 게스트하우스에서 떼어 달라고 하니 3번이나 알았다고만 하고 매니저가 떼어주지 않았다. 다른 직원이 돈을 주면 된다고 하였으나 게스트하우스에서 서류를 발급받지 않고 학과사무실에서 받아서 제출하였다.

인도의 관료

교통질서라고는 없는 아우랑가바드에서 외국인이 탄 택시라고 경찰은 몇 번을 세웠다. 그때마다 50루피를 준 뒤에 차를 운행할 수 있었다. 택시기사와 교통경찰이 작당을 한 모습도 보이지만 시간이 급한 나로서는 울며 겨자 먹기로 돈을 줄 수밖에 없었다. 인도 학생의 경우 여권 발급에 1개월 정도씩 걸리지만 급행료를 주면 1주일 안에 만들 수 있다면서 여권을 실제 1주일 만에 가지고 왔다.

2008년 국제투명성 기구의 CPI 지수를 보면 한국은 180개국 가운데 40위, 중국은 72위, 인도는 85위로 나타나고 있다. 2007년 Transparency International India의 조사 연구에 의하면 조사 대상 7개 부문에서 오고간 뇌물 액수는 8,830백만 루피로 추정하고 있다. 영국의 Times는 인도의 일반인이 한 해에 공공서비스를 위해 지불하는 뇌물 액만도 25억 파운드(한화 4조 5,800억 원 상당)에 달하고 있다고 한다.

Transparency International India에 의하면 인도에서 부패가 가장 심한 영역으로 경찰 부문이 1위를 다음이 토지 등록 및 기록, 주택, 상수도 등의 순을 들고 있다. 이러한 부패는 가난한 주에서 더 극심한데 부패가 경고수준으로 높은 지역으로는 아쌈, 비하르, 잠무 카시미르, 마드야 프라데시, 우타 프라데시 주 등이다. 특히 아쌈이나 비하르 주에서 좌익 마오이스트들이 창궐하는 이유 가운데 하나로 경찰의 관료부패가 그 이유로 지적되기도 한다. 이 지역에서 온 학생의 경우 그 심각성을 항상 이야기하곤 하였다.

실제 인도에서 뇌물은 일상생활이며 시민의 권리 인식이 부족한 탓에 수뢰 공무원은 거의 처벌되지 않는 게 상례라 할 수 있다. 공공 서비스에 대하여 인내를 가지고 기다리지 못하고 빨리 빨리를 원하는 한국인의 경우 뇌물을 주어서 문제를 해결하고자 하는 사례들이 많다.

그러나 모든 시스템이 완벽하지 않은 발전도상국에서는 이러한 부패가 경제발전에 큰 장애물이지만 때로는 발전에 긍정적인 영향을 미칠 수도 있다. 예를 들어 정상적으로 일을 처리하면 3년이 걸리는 공장건설이 급행료나 뇌물을 주어 공장을 빨리 짓게 되면 기업을 하는 사람은 빨리 공장을 지어서 이익이고, 공무원은 뇌물을 받아서 이익이며, 지역주민은 일자리가 빨리 만들어져서 이익이라는 논리이다. 그러나 이러한 논리는 글로벌 스탠다드와는 거리가 있는 논리이다.

인도식 민주주의

　인도인들은 자신들이 세계 최대의 민주주의 국가라고 한다. 인도는 풀뿌리 민주주의라 할 수 있는 주민자치제도인 판챠야트 시스템은 오래전부터 가지고 있다. 마을회의라 할 수 있는 판챠야트는 마을의 입법·사법·행정 모든 것을 관장하였다. 과거 이들에게는 사형을 시킬 수 있는 권한까지도 부여하였다.

　인도는 강력한 중앙집권제에 의하여 인도 대륙이 지배된 적이 없다. 지방은 무수히 많은 지역의 왕이나 마하라자들이 자치권을 가지고 통치를 했다. 이러한 전통은 지금도 지역의 토호세력이나 NGO 집단들이 주민을 위한다는 명분으로 이어지고 있다.

　인도는 시위가 많은 나라다. 다양성을 특성으로 하는 나라에서 제각기 자기 목소리를 내다보니 시위나 데모가 많은 것은 당연하다고 할 수 있다. 이러한 시위와 데모는 철도 등의 공기업에서부터 수돗물 중단에 항의하는 시위에 이르기까지 거의 일상화되어 있다. 특히 영국식의 노동관계의 전통에 의하여 노조의 시위도 일반화되어 있다. 최근에는 유가의 급등과 관련한 물가 인상에 대한 시위가 한창이다. 구자라트의 고용할당제와 관련된 시위는 북부지역의 철도 및 교통을 몇 주일씩 마비시키고 있다. 티베트인들은 중

코친의 마을 회의인 빤챠야트 사무실

국의 티베트인 학살에 대응하여 전국적으로 시위를 감행하고 있다.

내가 있던 델리 대학만 하더라도 다양한 형태의 시위가 있었다. 인도 신화에 대하여 반 힌두교적 해석을 한 교수에 대한 시위, 대학원생의 등록금 인상에 대한 시위, 여학생 성희롱 자에 대한 처벌을 요구하는 여학생들의 시위, 프랑스 대통령의 방문과 관련한 반세국주의에 대한 시위 능 거의 매달 한 건 이상의 시위와 데모기 있디. 인도의 경찰 행태나 치안을 생각할 경우에 시위의 소심이 있으면 우리와 같이 닭장차에 태워서 시위를 원천 봉쇄할 것처럼 생각되지만 데모를 하였다는 이유로 체포되고 구금당하지는 않는다.

인도에서는 자신들의 정치적 의사를 표현함에 있어서 광범위한 자유를 향유하고 있다. 중국에서는 주민들의 반발이 있더라도 도로를 직선으로 만들지만 인도에서는 주민들의 반발이 있으면 돌아서 간다는 말이 있다. 인도 민주주의의 단면을 보여 주는 것이다.

현 정부가 연합정권을 구성한 것도 한 이유이지만 특정 정책의 경우 결코 막무가내로 밀어붙이지 않는다. 갈등을 가지는 것에 대하여는 정당과 관계 장관의 타협과 조정을 얻고자 많은 노력을 하고, 이에서 해결이 나오지 않으면 대법원 등의 사법부의 판결을 기다린다. 인도의 행정이 느린 이유의 하나가 바로 이러한 민주적 의사결정 체제에 있다.

인도의 민주주의는 국가발전과 비교하여 과잉민주주의가 되고 있다. 이러한 과잉민주주의가 빠른 발전이 요구되는 인도의 발목을 잡고 있지만 이것이 인도인들로 하여금 세계최대의 민주주의 국가라는 자부심을 가지게 하는 원동력이기도 하다. 그러나 인도식 민주주의가 참여를 보장한다는 면에서 우월성을 주장할 수는 있을지 모르지만 국민을 위한 민주주의는 꽃피지 못하고 있다. 인도식 민주주의의 한계이다.

2008 하이데라바드 공산당 회의   지역공산당 사무실

닫힌 문 열리는 사회

문을 통과하지 않으면 밖으로 나갈 수 없다. 내가 가르치는 진리는 문이다.

(공자)

인도의 문 이야기

인도의 문은 들어오는 것을 막고 나가는 것을 통제하는 데 더 많은 관심을 가진다. 그러다 보니 문이 활짝 열려 있는 경우를 보기가 드물다. 항상 자물쇠로 잠겨 있거나 쇠사슬로 묶어 놓고 가드라는 문지기가 지키고 있다. 또한 큰 건물이나 공공장소의 경우 사람들이 지나갈 수 있는 좁은 문이 따로 있다. 인도의 문을 보면 안에서 잠그고 밖에서도 잠글 수 있도록 되어 있는 경우가 많다. 문제는 밖에서 잠그면 안에서 열 수 없다는 것이다. 인도의 냉장고에는 자물쇠가 있다. 냉장고를 하인으로부터 지키기 위한 것이다.

인도의 문은 사람을 통제하는 문이다. 공항의 입국장에 한국에서 손님이라도 와서 마중이라도 하려면 표를 사야 들어갈 수 있다. 출국장에는 항공권이 없으면 들어갈 수 없어서 배웅하는 사람들 입장에서 보면 시간을 허비하지 않아서 좋다.

델리나 대도시의 공중이 모이는 시설에는 항상 검색문이 있고 경찰이나 경비원이 지키고 있다. 아무리 줄이 길게 서 있어도 항상 그 문은 하나다. 델리나 꼴까다 등의 메트로라고 하는 지하철을 타려면 검색문에서 경찰들이 몸수색을 하고, 가방을 검색한다. 뉴델리 역에는 엑스레이 투시기도 있다. 인도인들이 좋아하는 영화관의 경우에 그 정도는 매우 심하다. 영화를 보려면 빈 몸으로 가는 것이 편하다.

특히 힌두사원에 가면 경찰들이 지키는 경우가 많이 있다. 인도에서 가장 큰 힌두사원 가운데 하나인 델리의 악사르담 사원의 경우 가방, 휴대전화, 카메라 등을 들고 들어갈 수 없다. 종교의 도시인 바라나시의 황금사원은 그 정도가 더 심해서 외국인은 들어갈 수 없다. 다행히도 현지인이라고 우겨서 네 번 검색대를 통과하면서 들어갔다. 바로 옆에 있는 무슬림 사원과의 역사적인 갈등으로 검문이 심하다고 한다.

부유한 집이 있는 동네나 아파트 단지에도 철제문이 있고 문지기가 있다. 단독주택에는 개인별로 집을 지키는 가드들이 나무 의자를 놓고 하루 종일 앉아있다. 내가 있는 게스트 하우스에도 밤에는 두 명의 경비가 있는 데 밤 1시만 되면 예전에 한국에서 야경 돌듯이 막대기를 두드리면서 경비를 선다.

인도의 많은 가게들은 손님이 가게 안으로 들어갈 수 없도록 카운터로 막아놓고 물건을 팔고 있다. 최근에 많이 생기고 있는 슈퍼마켓의 경우에도 문지기가 있고 그들에게 가방을 맡기고 들어가야 한다. 나올 때는 영수증을 보여주면 펀치로 구멍을 뚫어 준다.

인도 여행을 하다 보면 옛날 성의 입구가 직선으로 되어 있는 경우는 드물다. 코끼리를 탈 수 있는 자이푸르의 암베르 성, 한국어 오디오 가이드를 받을 수 있는 죠드뿌르의 메항가르 성, 타지마할 옆에 있는 아그라 포트 등의 성들은 그 입구가 ㄴ자나 ㄹ자 형태로 되어 있다. 코끼리 부대나 적군이 물밀듯이 들어오는 것을 막기 위함이란다. 델리 대학교의 경우에도 그 많은 문마다 문지기가 있다. 또한 사람들이 다니는 문은 대부분 좁고 디근자 형태로 되어 있다. 소가 들어가지 못하도록 하기 위함이란다. 그 덕에 대학 구내는 자동차나 자전거가 적으니 보행자 천국이다.

검색대

　인도의 버스에는 안내하는 사람도 많다. 시내버스의 경우에는 앞문과 뒷문에 각각 1명씩 남자 차장이 있고, 시외버스의 경우에는 차표를 검색하는 검사원 이외에 항상 열린 문에 매달려 차의 정차와 출발을 소리치는 문지기가 있다.

　인도에는 사람 가드만 있는 것이 아니라 원숭이 가드도 있다. 지난해 신문에 델리 역에서 극성스런 원숭이들을 막기 위해서 원숭이 가드를 고용했다는 기사가 있었다. 내가 있던 게스트 하우스는 이곳 사람들이 원숭이 공원이라고 부르는 공원과 접해있다. 그래서 아침만 되면 원숭이들이 쓰레기통부터 뒤지면서 게스트 하우스를 휘젓고 다닌다. 이 원숭이들을 막기 위해서 얼굴이 검은 랭

코친 대학의 정문

구르 원숭이를 고용하고 있다. 이 원숭이는 아침마다 꾸마르라는 청년에 끌려 출근을 한다. 델리대학에 이런 원숭이가 다섯 마리가 있다고 한다. 이들은 월급을 받는다. 돈은 주인이 챙기지만 말이다.

밖에서 잠그고, 안에서 잠그는 인도 문화의 영향인지는 모르지만 인도인들은 자신들이 중시하는 힌두신앙을 전파하는 데 관심이 없다. 그보다는 힌두신앙을 외부의 영향으로부터 지키는 데 더 많은 관심을 가지는 듯하다. 큰 힌두교 사원의 경우 아직도 외국인들의 출입을 금하고 있다. 이방인의 출입을 금하여 들어가지 못하게 하지만 덜 서운한 것은 사원 안에 들어가봐야 큰 볼거리가 없기 때문이다.

1990년대 초 인도가 개방이 되면서 자본주의 물결이 들어오는 것을 막지는 못하고 있다. 자동차가 많아지니 건물갠을 들을 열어 놓게 되고, 외국 관광객들이 밀려드니 공항갠을 이 커지게 되었다. 그러나 아직은 밖갠을 을 잠그고 있던 자물쇠만 열어놓았지 안에 있는 자물쇠는 잠겨 있는 듯하다.

고속도로

인도의 닫힌 문이 사회의 모든 곳에서 열리고 있다. 중인도 푸네에서 뭄바이의 높은 산을 지나는 8차선 고속도로는 인도 변화의 상징이 되고 있다. 주변 경관만큼이나 아름답게 만들어진 고속도로는 아직은 차량 통행량이 많지 않아서 우리의 고속도로와는 다른 모습을 보여준다. 그 고속도로 주변에 우리의 LG 공장이 있는 것도 한국 사람들에게 자부심을 준다. 여기에서는 다른 도로에서 볼 수 있는 소나 가축을 볼 수 없고, 사람들도 마음대로 다니지 않는다.

중국과 비교되지는 않지만 인도의 곳곳에는 도로 건설로 가뜩이나 어려운 도로 사정을 더욱 어렵게 하고 있다. 인도는 전체 도로가 33,00,000Km로 길이에서는 세계 3위에 속한다. 그러나 고속도로(Express highways)는 2008년 현재 총 연장 200Km에 불과하다. 이 고속도로는 델리 - 구르가온, 아메다바드 - 바도다라, 뭄바이 - 뿌네, 뱅갈로루 - 마이소르 간에 건설되어 있다.

인도는 국도 개발계획에 의하여 뉴델리 - 뭄바이 - 첸나이 - 꼴까다를 잇는 황금사변형 국가기간망도로(National Highway)가 2008년 완성되었다. 이외에 북쪽의 스리나가르에서 남쪽 땅끝 마을인 깐냐쿠마르까지의 종단도로와 서쪽 끝 포르반다르에서 동쪽 끝 실차르까지의 횡단도로망을 구축하고 있다. 그러나 정부 재정의 열악, 토지 매입 지연, 환경보호단체들의 소송 등에 의하여 계획보다 지연되는 곳이 많다.

막대한 자금을 필요로 하는 도로건설 가운데 지방도로의 상황은 이러한 변화와는 아직은 거리가 멀고 눈에 띄는 변화의 조짐을 볼 수 없다. 최근 이러한 어려움을 극복하기 위하여 민간이 도로를 만들고 일정 기간 도로를 운영하여 수익을 올린 후 정부에 도로를 양도하는 BOT(Build Operate Transfer) 방식을 도입하여 투자를 확대하고 있다. 뿌네 – 뭄바이 고속도로도 이 방식에 의하여 건설한 것이다.

고속도로 톨게이트

8차선으로 되어 있는 델리 – 구르가온을 잇는 고속도로는 언제나 만원 자동차로 몸살을 앓고 있지만 새로운 인도의 미래를 볼 수 있는 곳이며, 변화의 속도를 가늠할 수 있는 곳이기도 하다. 이러한 도로 건설에 현대, 쌍룡, 대림건설이 참여하고 있다. 지하철 건설과 함께 우리 건설사들이 빛을 낼 수 있는 부문이 이들 도로건설 부문이 될 수 있을 것이라는 희망을 가져 본다.

통신과 미디어 혁명

인도는 전 세계에서 가장 싼 국제통화 요금체계를 가지고 있다. 한 달에 우리 돈으로 25,000원 정도면 한국에 아침저녁으로 전화를 해도 남을 정도이다. 그래서 한국에서 전화가 오면 전화를 받지 않고 끊어진 뒤에 내가 전화를 한다. 인도의 어느 곳을 가나 가장 번듯한 가게와 간판을 가지고 있는 것은 Airtel, Vodfone, BSNL, Reliance, Tata와 같은 정보통신 회사들이다. 젊은이들은 버스나 지하철 그리고 거리를 걸어가면서도 휴대전화에 연결된 이어폰으로 라디오를 듣고 전화를 한다. 인도의 변화는 이러한 통신의 속도와 비례하여 이루어지고 있다.

인도의 변화를 이끄는 중요한 힘으로 미디어 혁명을 들 수 있다. 1970년대 녹색혁명을 통하여 자급자족을, 1980년대 백색혁명을 통하여 우유 등의 낙농제품의 증산으로 소득증대를, 1990년대 미디어 혁명을 통하여 IT 강국으로 부상하고 있다.

1990년대 말 이후 IT 기술을 통한 변화의 시작은 소비의 확대 이외에 다양한 정치·사회·경제체제의 변화를 가져오고 있다. 델리대 학생들의 경우 거의 모든 학생들이 휴대전화를 가지고 있고, 자랑하기 위해서 2대 이상의 휴대전화를 가지고 있는 경우도 있다.

델리대 주변의 릭샤 왈라 중에서 젊은 왈라도 휴대전화를 가지고 있다. 월평균 3,000루피의 소득을 가진 릭샤 왈라가 휴대전화를 가지고 있을 정도로 늘어나고 있다. 인도의 휴대전화는 저가 모델로 승부를 거는 노키아의 점유율이 가장 높고, 다음으로 모토로라, 소니 등의 순이다. 최근에는 고급사항을 중심으로 LG와 삼성 휴대전화가 뜨고 있다. 인도의 휴대전화는 우리와 달리 프리 페이드 방식(pre-payed)을 사용한다. 즉 우리의 교통카드처럼 충전을 해서 요금의 범위 내에서 사용하는 방식이다.

첸나이 거리의 여인

1997년 인도에 이동통신서비스를 시작한 후에 매년 폭발적인 증가를 보여주고 있는데 2008년에는 전 인구의 약 25% 정도가 휴대전화를 사용하고 있는 것으로 알려지고 있고, 시장조사 기관인 아이서플라이(iSuppli Corp.)에 의하면 2011년 이동통신가입자수는 4억

8,000만 명에 이를 것으로 예측하고 있다.

이동통신과 함께 인도의 변화는 각종 미디어 산업에서도 나타나고 있다. 내가 1년간 있던 게스트 하우스에서는 월 300루피에 약 100개 정도의 채널을 시청할 수 있는 Dish TV를 서비스 해주었다. 이들 인도의 TV를 보면 우리보다 더 선정적이고 다이내믹한 화면들을 볼 수 있다. 광고나 음악 등의 오락 프로의 경우 인도의 전통에 의하여 배꼽이 나오는 것은 일반적이고, 춤과 노래는 우리와 비교할 수 없을 정도로 화려하며 동적이다.

인도의 드라마나 영화의 기본적인 특징을 보면 권선징악, 해피엔딩, 격정적인 사랑 이야기, 고부 갈등, 긴 상영 시간, 아름다운 춤과 노래 등을 특징으로 하고 있다. 전체적으로 비극적인 것들은 많지 않다.

1950년대 신문·라디오·TV·영화 등의 미디어에 접근한 인구가 15% 수준이던 것이 현재는 70% 수준에 이르고 있다. 특히 인도의 IT기술을 바탕으로 한 미디어 혁명은 정치·경제·사회 등의 모든 분야에서 혁명적이라고 할 정도의 변화를 가져오고 있다. 현재 인도의 2억 가구 중 약 65%가 TV 수상기를 가지고 있는 것으로 추산하고 있다. 도시의 경우 천막을 치고 사는 빈민촌에도 TV는 대부분 가지고 있다. 델리 대학교 내에 천막을 치고 사는 빈민이 있는데 국가 대항 크리켓이라도 하면 학생들이 이 TV를 보기 위해서 몰려가기도 한다. 실업자가 많고 놀거리 볼거리가 적은 사회의 특성으로 TV 보급은 더욱 급격하게 확대되고 있다.

TV 및 정보통신 기술의 변화는 소비의 증대를 가져오고 있다. 특히 광고에 의한 고가 소비품의 매출을 증대시키고, 다양한 제품의 보급 속도를 가속화시키고 있다. 무엇보다 소비에 대한 변화

지역 방송국의 기자

신문을 보는 여경   ⓒ 정재현

적응력이 높은 젊은 층의 소비성향이 변화를 촉진하고 있다.

그리고 미디어의 개방은 인도 사회의 세계화에 크게 기여를 하고 있고, 개방화에 의하여 코카 및 펩시콜라와 같은 음료시장의 확대, 맥도날드와 같은 스낵 점의 확대와 같은 서구화를 촉진시키고 있다. 이러한 변화는 힌두 근본주의나 보수주의자들로 하여금 민족주의를, 하류층이나 마오이스트는 서구화에 대한 저항을 가져오는 요인이 되기도 한다.

사회적으로 TV 등의 미디어 산업의 발전은 카스트 제도의 변화 및 여성의 지위와 역할의 변화를 가져오는 요인이 되기도 한다. 특히 TV 등에서 나오는 자립적이고 독립적인 새로운 여성상은 여성의 지위 향상과 권리를 찾는 노력을 증대시키는 결과를 가져오고 있다. 또한 M-TV, Star TV 등에서 전통적인 인도여성상인 뚱뚱하고 섹시한 모습보다는 서구의 미인상인 가냘프고 홀쭉한 여성상이 부각되자 인도 여성들 간에 다이어트 붐을 일게 하고 있다.

1999년 말부터 아리랑 TV를 통해 한국 프로그램이 인도 시장에 진출하고는 있지만 중국이나 동남아와 같은 한류 붐을 일으키지는 못하고 있다. 인도의 영화나 드라마는 음악과 춤이 있어야 하고, 비극적인 것보다는 밝은 것을 선호하기 때문에 한류가 인기를 끌지 못하고 있다. 그러나 우리와 같은 몽골로이드 계통의 부족이 많이 사는 북동부 지역에서는 아리랑 TV 및 한국 영화에 대한 인기가 매우 높은 것으로 전해지고 있다. 그 여파로 이 지역 학생들이 한국어를 많이 배우고자 한다.

이러한 변화를 가능하게 하는 것 가운데 하나로 언론의 자유를 들 수 있다. 2007년 국경없는 기자회는 인도의 언론 자유 지수를 39.33으로 전 세계에서 120위로 발표하고 있다. 한국은 47위를 기록하고 있다. 수치만 보면 인도의 언론 자유는 많은 제한을 받는 것으로 판단된다. 그러나 여러 언론 매체의 보도 행태를 보면 언론의 비판 기능, 쓴소리를 하는 기능은 우리보다 앞서고 있다. 비록 보도의 선정성이나 정확성에 문제가 있지만 언론의 발전도 이러한 변화를 뒷받침하는 힘이 되고 있다.

카스트의 변화

　인도의 변화는 그 견고한 카스트 제도에도 일고 있다. 특히 도시화와 자본주의 체제 및 사상이 확대되면서 변화의 바람이 불고 있다. 약 30%의 인구가 사는 도시는 농촌과는 달리 익명성을 바탕으로 사회체제가 운영되기 때문에 카스트에 의한 차별은 줄어들고 있다. 단지 결혼이나 종교적 의식 등에서 영향을 미치고 있을 뿐, 공공조직이나 커다란 기업 등에서는 카스트 차별은 크게 줄어들고 있다.

　카주라호를 가기 위해서 탄 기차 안에서 만난 델리대학교의 한 경영학 전공 교수는 도시에서 카스트는 없어졌다고 단정적으로 이야기하기도 하였다. 도시의 많은 사람들은 자신이 어떤 카스트인지 어떤 자띠인지 모르고 살아가는 사람들이 늘어나고 있다고 한다.

　70%의 인구가 살고 있는 농촌의 삶에서는 아직도 카스트 및 자띠와 관련된 차별이나 억압이 상존하고 있다. 그렇지만 농촌에도 변화의 바람은 분다. 독립 이후 종교적 카스트 지배는 경제적으로 부유한 카스트가 부상을 하고, 수적으로 많은 집단이 정치적인 영향력을 행사하면서 하층계층의 사회적 위상에 변화를 가져오고 있다.

　식민지 시대에는 자신이 상위층의 바르나에 속한다고 주장하는

거리의 청소부 여인들　　　　　　　　　　　　　　　ⓒ 정재현

상향이동 현상이 강하였으나 독립 이후에는 고용할당제나 소외집단에 대한 정부 정책이 확대되면서 역으로 상층 카스트가 하층 카스트로 이동하는 하향이동 현상도 나타나고 있다. 예로 하층카스트가 경제적인 이유로 일정한 보수가 지급되는 마을 청소부를 자청하여 불가촉천민 출신 청소부와 함께 청소를 한다. 농촌의 직업과 연관된 자띠 체제가 경제적인 이유로 무너지고 있는 것을 전통적인 인도의 신분제도가 막지 못하고 있다.

2008년 OBCs로 분류된 구자(Gujjar)부족들은 자신들이 유목민족임을 내세워 STs로 지정해 줄 것을 요구하면서 대규모 데모가 발생하여 수주일 간 구자라트와 라자스탄 지역에서 기차 통행이 제한되기도 하였다. 이는 OBCs지위를 부여받게 되면서 자신들의 입지가 좁아지고 정부의 정책적 지원을 덜 받기 때문이다.

전통에 의하면 브라만은 불가촉천민의 결혼 의식을 관장하지 않았지만 최근에는 돈을 벌기 위해서 이들의 결혼식을 도와주기도 한다.

함피의 순례자들　　　　　　　　　　　　ⓒ 정재현

과거에 불가촉천민으로 상위카스트와 접촉이 금지가 되었던 사람들
도 판차야트나 공무원의 직위를 가진 뒤에는 상위 카스트 집안의 행
사에 초대되고, 이들과 함께 마을 문제를 해결하기 위하여 논의를 한
다. 특히 ST, SC 및 OBC 들은 자신들의 하층지위를 활용하여 사회적
경제적 이권을 얻고자 한다. 이러한 이권을 얻은 사람들은 상위카스
트처럼 다른 카스트로부터 세탁, 청소 등의 서비스를 받는다. 또한
하층 카스트들은 개명을 하여 자신의 신분적인 차별을 극복하고자
하는 사례도 늘어나고 있다.

　도시에서 사회적 신분은 이제 카스트가 아닌 부의 상징인 자동
차가 되고 있다. 하위 카스트라 하더라도 중대형차를 몰고 다니는
사람들은 오토 릭샤를 운전하는 브라만이나 크샤트리아에게 욕을
하고 있는 것을 볼 수 있게 되었다. 도시에서는 경제력이 신분을
바꾸고 있는 것이다. 최근에 상위 카스트가 고용할당제에 의하여

불가촉천민에게 주는 공무원이 되기 위해서 하층카스트 증명서를 위조하였다는 보도가 나올 정도가 되고 있다. 카스트와 직장을 바꾸고자 하는 것이다. 능력이 카스트와 자티를 대신하고, 돈이 카스트를 대신하고 있는 것이다.

지역의 선거운동　　　　　　　　　　　　　　　　　ⓒ 정재현

고용할당제

　인도는 독립 후 헌법으로 카스트에 의한 차별을 금지하고 사회적으로 차별받는 집단에 대하여 사회적 형평성을 확보하기 위하여 고용할당제(Job Reservation)를 도입하여 운영하고 있다. 고용할당제는 약 25%로 추산되는 상위카스트를 제외한 SC(Scheduled Caste: 지정카스트), ST(Scheduled Tribe: 지정부족) OBC(Other Backward Class: 기타 후진계급)에 대하여 공직 및 국립대학의 입학에 대하여 일정한 쿼터를 주어서 임용 및 입학을 할 수 있도록 하는 제도이다.

　헌법 제16조, 46조 및 335조는 마을의 판차야트 및 의회의원, 공무원의 임용 및 승진, 교육기관 등에 대하여 SC, ST, OBC에게 일정한 쿼터제를 주고 있다. 인구비례에 의하여 SC는 15%와 ST는 7.5%의 쿼터를 1947년 헌법 제정 이후 받고 있다. 그리고 OBC는 1980년 만달 위원회의 권고에 의하여 1989년부터 27%의 쿼터를 받고 있다. 이와 관련하여 상위카스트들은 역차별을 내세워 격렬한 반대를 하였다. 2006년 인도 정부가 기존의 ST와 SC에게 국립대학 정원의 22.5%를 할당한 것을 OBC까지 확대하여 이들에게 27%를 할당하겠다는 계획을 발표하자 의사와 의대학생의 파업으로 병원 업무가 마비되기도 하였다. 이 계획은 2008년 대법원의 판결에 의하여 승인이 나서 시행되고 있다. 이에 의하여 인도공과대학교(IIT)와 인도경영대학원(IIM), 인도의과대학교(IIMS) 등 국립대학 입학생의 49.5%가 소외계층에 할당되어 있다. 우리나라의 경우 대학 입시에서 실시하는 농어촌 특별전형제도와 같은 것을 헌법으로 규정한 것이다.

네루대학 (JNU)의 벽보

인도 정부는 이번 조치를 통해 10억 인도 인구 중 27%를 차지하고 있는 하층민들에게 교육의 기회를 제공하게 될 것으로 기대하고 있다. OBC에 까지 확대하는 입학할당제가 농촌에 남아있던 상류층이 도시로 진출할 수 있는 기회를 제공할 뿐이라고 반대하는 주장도 있지만 이에 의하여 하층계급의 자기 개발의 기회가 확대되는 것은 부정할 수 없을 것이다. 최근 인도 의회 및 정부는 이러한 고용할당제를 일반 기업에 대하여도 적용하는 방안을 고려하고 있다. 정부의 정책에 의하여 ICICI와 같은 은행과 맥도날드와 같은 외국계 기업 등이 중심이 되어 소외 계층을 위한 직업훈련과

일자리를 제공하기 시작했다.

　그러나 문제는 이러한 차별 금지 정책이 정치적으로 악용되고 있다는 것이 더 큰 사회문제가 되고 있다. 인도의 정치인이나 정당은 카스트와 종교를 선거에 자주 활용하고 있다. 1999년 BJP 정권은 라자스탄에서 전통적으로 국민회의당(Congress) 지지 집단이던 약 15%의 자띠에게 OBSs의 지위를 부여할 것을 약속하여 선거에서 승리하기도 하였다.

폰디첼리의 공동체 오로빌

　이제 카스트는 신분과 종교 이외에 정치가 되고 있는 것이다. 헌법으로 금지한 카스트 제도가 오히려 카스트 및 계층의식을 강화시키는 역효과를 가져오고 있는 것이다. 실제 고용할당제가 인도의 카스트 제도 및 사회적 약자의 지위를 크게 변화시켰다는 증거들은 많지 않고, 단지 소외계층의 1% 정도 밖에는 혜택을 받지 못하고 있다는 주장도 있다. 어쨌든 고용할당제가 소외계층의 삶의 질을 변화하는 데 한계가 있지만 그의 상징적인 의미는 인도 사회에서 크다고 할 수 있다.

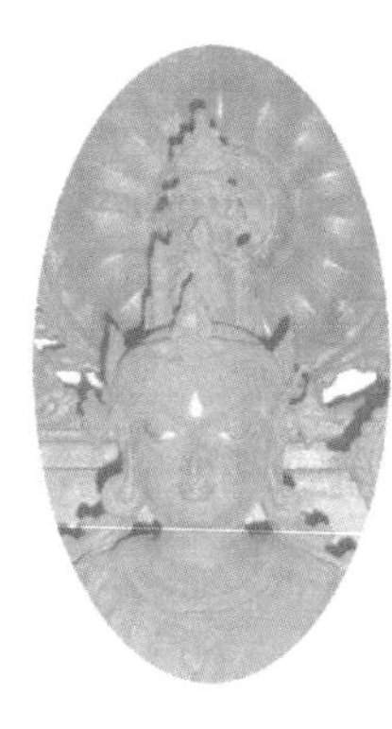 변화하는 시장

오늘날 대도시의 대학생들은 오토바이로 등교를 하고 나이키 신발과 리(Lee) 청바지를 입고, 삼성 휴대전화를 가지고 다니며, 점심은 니룰라나 맥도널드에서 햄버거를 먹고자 한다. 이러한 욕구는 이를 충족시키기 위한 새로운 시장을 만들고 있다.

어느 나라나 그 나라의 미래를 볼 수 있는 곳이 시장이다. 델리 교외의 대규모 쇼핑센터는 우리의 상상을 초월할 정도의 규모와 물건으로 가득 차 있고, 전국에는 현대식 설비를 갖춘 할인점들이 우후죽순처럼 들어서고 있다.

급격한 경제성장과 비례하여 국내 시장의 규모도 성장하고 있다. 아직도 95% 이상의 유통이 재래시장을 중심으로 이루어지고 있지만 백화점이나 할인점과 같은 현대적인 유통산업은 기하급수적으로 늘어나고 있다. Big Bazaar, Spencer, Shoprite Hyper, Star India Bazaar, Subhiksha, Big Apple과 같은 할인점은 거의 매년 50% 정도씩 늘어나고 있다. 인도에 있는 약 1년 사이에 델리대학교 주변의 시장에만 3개의 할인점이 새로 생겼다. 특히 자동차, 백색가전과 같은 내구재의 소비는 매년 10% 정도씩 늘어나고 있고, 자동차는 매년 20% 정도씩 구매력이 향상하고 있다. 이에 의하여 중국보다 더 매력적인 시장으로 부상하고 있다. 이러한 소비를 주도하는 세력은 우리와 비슷하게 20대 학생과 30대의 주부와 같은 소위 신세대들이다. 이들은 리복, 나이키, 퓨마, 리와 같은 세계적 브랜드의 명품을 선호하고 있다. 이외에 소니, 삼성, LG 등의 중가 브랜드에 대한 소비가 급격하게 증대하고 있다. 이러한 변화는 소득의 증대와 함께, 인도의 유통산업 발전, TV 및 정보통신기술의 발전에 의하여 서구화 및 국제적 트렌드에의 잦은 노출에 의하여 일고 있는 것이다.

현대식 쇼핑센터

인도의 맥도널드

　인도 정부는 급격한 변화에 대응하여 유통시장의 개방 속도를 늦추고 있다. 특히 지역의 재래시장의 상인과 이들을 부추기는 공산당 등의 정치세력에 의하여 릴라이언스와 같은 할인점의 개점을 반대하는 데모들이 웨스트 벵갈, 라자스탄 등에서 빈번하게 발생하고 있다. 이에 의하여 개점을 취소하거나 연기하는 등의 변화가 있지만 변화의 큰 흐름을 막지는 못할 것이다.

과일 시장　　　　　　　　　　　　　　　　　　　ⓒ정재현

변화하는 미인상

　인도에서는 미인의 기준도 변화하고 있다. 전통적으로 인도 미인의 기준은 힌두교 신전에서 볼 수 있는 여신과 같이 큰 가슴과 다산을 상징하는 큰 둔부, 흰 피부, 도톰하고 육감적인 입술이었다. 종종 이는 36 - 24 - 36이라는 가슴 - 허리 - 엉덩이 둘레의 공식으로 표현돼 왔다.

　카주라호의 카마슈트라 상을 채우고 있는 전통적인 미인상은 이제 세계화에 맞도록 풍만함에서 날씬함으로 변화되고 있다. 새로운 미인상으로 인도인 아버지와 프랑스계 어머니에서 태어난 세계 최고의 화장품 모델인 사이라 모한이나 미스월드 출신의 인도 최고의 여배우 아이쉬와라 라이와 같이 변화되고 있다. 그러나 하얀 피부에 대한 열망은 변화되고 있지 않다. 전통적으로 카스트는 흰색을 상위 카스트로 흑색을 하위 카스트로 구분을 한다. 하얀 피부에 대한 선호는 지금도 젊은 여성들 사이에 미백 화장품에 대한 선호로 나타나고 있다.

　인도의 국영 비행사인 에어 인디아의 승무원들은 비만인 사람들이 많이 있다. 이와 관련하여 인도 법원은 2008년 6월 에어 인디아가 비만인 여승무원의 비행기 탑승을 통제하는 것에 대하여 정당하다는 판결을 내렸다. 이유야 비행기의 무게를 줄인다는 것이지만 그 내면에는 다른 나라 항공사와 경쟁을 위하여 미인을 승무원으로 채용하고자 하는 의도가 있다고 하겠다. 새로운 미인의 기준을 받아들이고 있는 변화이다.

결혼식장의 하객   ⓒ 정재현

인천에서 인도행 비행기를 타면서부터 사리를 입은 인도 여인을 보게 되는 데 대부분 비만이고 하체가 얼마나 풍만한지 비행기 통로에 서 있는 여성 옆을 지나가기가 어려울 정도이다. 이러한 비만은 인도 상류층을 대변하는 특성이기도 하다. 60년대 우리 사회에 사장하면 배가 나와야 한다면서 비만이 부의 상징인 때가 있었다. 이와 같이 인도 상류사회의 비만은 하나의 공통적인 현상이 되고 있다.

한 신문 기사에 의하면 인도인들은 비만에 대한 유전적인 인자가 있다고도 한다. 이러한 유전적인 요인 이외에 상류층의 여성들이나 어린이들이 비만인 이유는 인도인들의 식 습관에서 찾을 수 있을 것이다. 이들은 육류에 대한 섭취를 하지는 않지만 고단백의 기나 치즈 및 설탕을 과도하게 섭취하고 있다. 특히 상류층의 여인들은 모든 가정 일을 가정부가 대신하는 등 노동으로부터 해방되어 있다는 것도 비만의 원인으로 지적될 수 있다.

전통적인 미인상을 가진 나이 든 인도의 여인들에게서는 단순한 관능미 이외에 고상한 지성미를 볼 수 있다. 그 고상함이란 우리의 전통적인 여성상으로 표현되는 신사임당이나 육영수 여사에게서 느낄 수 있는 모습들이다. 내면의 미가 겉으로 표현된 것이다. 그러나 농촌이나 빈민가에서는 새로운 세계의 미인상을 가진 여인들을 자주 보게 된다. 8등신의 몸매, 까무잡잡한 얼굴에 탄력 있는 피부, 크고 우수에 가득한 눈, 화려한 원색의 사리를 입은 여인은 우리의 기준으로 볼 때 미인이 아닐 수 없다. 종종 미인은 혼혈에서 많이 볼 수가 있다고 한다. 인도에 미인이 많은 것은 서구적인 아리안 족과 동양인의 혼혈에 의하여 나타난 현상이 아닌가 하는 생각도 든다.

매스컴의 발달 및 사회의 서구화에 의하여 미인의 기준이 변화되면서 젊은 여성을 중심으로 다이어트가 유행이 되고 있고, 이러한 욕구를 충족시키기 위하여 도시에는 다이어트를 위한 헬스장이나 미용센터가 많이 생기고 있다. 최근에는 요가를 활용한 다이어트에 대한 선전이 늘어나고 있다.

인도 여인들의 미는 전통적인 지성미와 현대적인 미의 기준인 외형적인 S라인이 결합될 때 그의 경쟁력은 경제부문의 경쟁력만큼 높을 것이라는 생각을 해 본다.

인도의 모델

인도의 변화는 발에도 불고 있다

　계급의 나라 인도에선 신체도 계급이 있다. 그중에서 발은 가장 낮은 계급인 수드라에 속하여 천대를 받곤 한다. 인도의 신화에 의하면 가장 높은 계급인 브라만은 창조자인 브라만의 머리에서 나왔고, 크샤트리아는 가슴, 바이샤는 배, 그리고 노동을 주로 하여 다른 계급에 봉사하는 수드라는 발에서 나왔다고 한다.

　이러한 전통 때문인지 인도인들은 머리를 중하게 여기는 반면에 발은 다른 부위에 비하여 천대를 하는 듯하다. 남자들은 터번을 여자들은 두파타로 머리를 가리고 치장을 하지만 지방이나 도시의 빈민가에는 아직도 사철 맨발로 생활하는 사람들이 많이 있다.

　머리에 비하여 발이 천대받는 모습은 여러 곳에서 볼 수 있다. 인도에는 아유르베다라는 전통의학이 있다. 그 아유르베다 요법 가운데 마사지가 유명하여 주요도시나 관광지에선 어느 곳에서나 마사지를 받을 수 있다. 최근에는 호텔 등의 숙소에서 전화만 하면 출장 서비스도 하여 준다. 그 마사지 가운데에서 가장 대표적인 것이 머리에 따뜻한 오일을 부어서 하는 머리 마사지이다. 이 아유르베다 전신 마사지를 받더라도 발마사지는 이루어지지 않는다. 중국이나 동남아에 가면 관광 코스로 가이드에 끌려서 꼭 가는 곳이 발마사지를 하는 것인데 이러한 문화와는 매우 다른 모습을 보여준다.

델리의 현대식 구두점

기차역의 구두 수선공

인도인들은 남자나 여자나 몸에 장식하는 것을 매우 좋아한다. 여자들은 아무리 가난하더라도 팔찌와 코걸이는 기본이다. 이러한 팔찌, 귀걸이, 코걸이, 목걸이와 함께 발목에도 파이알(payal)이라는 발목걸이를 한다. 다른 모든 부위에는 그 귀한 금이나 금도금을 한 것을 사용하지만 발목에는 아무리 돈이 많은 사람이라고 하더라도 금으로 된 장식물을 하지 않는다고 한다. 발은 장식에 있어서도 천대를 받는다.

인도의 경우 우리의 큰 절에 해당되는 것이 높은 사람이나 존경하는 사람의 발을 손으로 짚는 것이다. 일전에 게스트 하우스의 지원이 자기 집에 점심 식사 초대를 해서 가니 두 살배기 아이가 손으로 나의 발을 만지면서 인사를 하는 것이었다. 자기보다 높은 사람의 발을 손으로 만지면서 인사하는 것은 존경하거나 높은 사람의 낮은 발을 자신과 동일시하여 낮춤과 존경을 표현하는 것이다.

인도 여자들은 대부분 사리와 두파타로 온몸을 가린다. 인도인들은 아직도 여성들이 종아리를 내 놓고 다니는 것에 대하여 좋게 보지 않는다. 배꼽은 내놓지만 다리를 내놓지는 않는다. 그러나 발만은 양말이나 스타킹을 신지 않고 맨발로 슬리퍼를 신는 경우가 많이 있고 신체의 천한 부위니 남에게 보여주어도 개의치 않는 듯하다. 그러나 보니 버스나 지하철을 타면 여자들의 발을 보게 되는 데 그 많은 여자들 가운데 발이 예쁜 여자들은 없다. 대부분 다른 신체 부위보다 검고, 투박한 모습들이다. 그리고 슬리퍼를 많이 신어서 발가락 사이가 넓게 벌어져 있는 경우가 많다. 그 발에 치장한다고 발톱에 매니큐어를 바르는 경우도 있지만 검은 발에 빨간색 매니큐어가 어울리지는 않는 듯하다.

발을 천시해서인지 인도인들이 발을 잘 닦지 않는 듯하다. 가끔 인도 학생들이 게스트 하우스에 오면 밖에서 신발을 벗고 들어온다. 인도의 경우 낮은 계급의 사람이 높은 계급의 사람 집에 들어갈 때는 꼭 신발을 벗는 것이 관례화 되어 있다. 문제는 학생들이 간 뒤에 바닥에 발 냄새가 밴다는 것이다. 그래서 학생들이 오면 신발을 신고 들어오도록 권하지만 한사코 신발을 벗고 들어오는 학생들이 대부분이다. 일전에는 학생과 함께 사이클 릭샤를 타고 가다가 학생의 발이 어떻게 해서 릭샤 왈라의 몸에 닿았다. 그러니 학생이 황급하게 미안하다면서 릭샤에게 인사를 하는 것이다. 천한 직업의 사람이라도 다른 사람의 천한 발이 닿는 것은 큰 실례다.

수드라 가운데에서 머리를 다루는 이발사는 높은 수드라에 속하지만 전통적으로 발을 다루거나 구두를 만드는 수드라는 가장 낮은 계급에 속하였다. 그러나 사회가 발전되면서 발도 평등을 찾는 듯하다. 발에 대한 관심이 높아지면서 신발 관련 산업과 상인들이 돈을 많이 번다고 한다. 최근에는 큰 도시마다 세계적인 브랜드의 신발가게들이 많이 생기고, 이에 편승하여 가짜 유명 브랜드 상표

신발들이 델리의 경우에도 레드포트 앞쪽의 도둑시장에서 많이 거래되고 있다. 유명 브랜드의 신발 가게에 세일이라도 하면 번호표를 받고 줄을 서야 하는 시절이 왔다. 주간지 인디아 투데이는 2002년에서 2005년 사이 여성 신발시장 규모가 250억 루피에서 400억 루피로 늘었다고 한다.

우리의 경우 70~80년대 효자 수출 품목이던 신발이 사양 산업이 되었지만 인도에는 새로이 뜨는 산업이 되고 있다. 인도의 변화는 발에도 불고 있다. 가장 낮은 곳에서도 변화가 일고 있는 것이다.

변화하는 빤찜의 거리

트리밴드럼의 시가지

인도의 대학

　인도 대학의 역사는 인도의 역사만큼 오래되어 있다. 약 5세기 굽다시대에 세워진 날란다 대학은 인도에서 가장 가난한 주 가운데 하나인 비하르 주에 있다. 지금은 대학의 터만 남아있지만 터와 유적만 보아도 그 당시의 규모를 알 수 있다. 전성기에는 9층짜리 사원 및 8개의 사원과 500만 권이 넘는 장서를 갖춘 도서관, 2,000명이 넘는 교수와 1만 명의 유학생이 있었다고 한다.

　서유기의 모델이 된 현장법사가 머물기도 한 날란다 대학이 현 총리 만모한 싱이 제안하고, 달라이 라마, 노벨 경제학상 수상자인 아마르티아 센 등의 참여와 아시아의 불교 국가들의 지원에 의하여 2009년 재건을 계획하고 있다. 불교와 철학·역사·언어 등을 연구·교육하는 대학원 대학으로 거듭나게 될 날란다 대학의 초대 이사장으로 "가방 2개만 들고 떠난다."는 소탈한 퇴임 인사로 인도 국민에게 감동을 줬던 압둘 칼람 전 인도 대통령이 맡게 된다.

　날란다에는 현재 작은 대학이 하나 있는데 이곳에는 주로 버마에서 온 유학생들이 주가 되어 교육을 받고 있고, 중국이 건립한 현장법사 기념관도 그곳에 세워져 있다.

　인도의 고등교육기관은 2007년 기준으로 칼리지(college)가 2만

677개, 종합대학교(university) 416개로 전체 재학생은 1,160만 명, 교수가 50만 명 정도 된다. 인도의 종합대학교는 대학원을 가지고 있고, 본부가 산하의 여러 칼리지를 관리하는 형태로 되어 있다. 이러한 종합대학교로는 델리 대학을 비롯한 국립이 24개, 주립 251개 그리고 대학교 인정교육기관이 103개가 있다.

날란다 대학 터

현장법사

인도의 대표적인 국립대학으로 델리 대학교(University of Delhi)는 1922년 설립되었다. 인도에서 가장 큰 규모를 자랑하는 델리대학교는 야간과정까지 합쳐서 83개의 대학(college)으로 구성되어 있고, 개방대학까지 포함하여 학생수가 22만 명이다. 그리고 총장(Chancellor) 직위는 인도의 부통령이 가지고 있다.

인도에는 개방대학(Open University)이 많이 있는데 이는 우리나라의 방송통신대학과 유사하지만 체제는 매우 다양하게 운영된다. 이러한 개방대학으로 Indian Gandhi National Open University 및 델리 대학교에 있는 Open Learning 코스 등이 있다. 델리 대학교의 개방대학을 다니는 학생도 지방에 가면 자기가 델리대학교 학생이라고 뽐내고 다니고, 그곳을 졸업한 학생도 자기가 델리대학교를 졸업하였다고 자랑을 한다.

대도시에 있는 대학을 제외하고 주정부가 운영하거나 지방의 작은 칼리지의 경우 그 시설이나 운영이 매우 열악한 상황이다. 지방을 여행할 때면 그 지역의 대학을 방문하는 데, 대학의 학생 수가 1만 명이라고 하지만 학생이나 교수를 보기가 드물다. 기숙사라고 있지만 운영되는지 알 수 없을 정도이다. 대학의 본부 행정직원이라고 해야 20여 명이 고작인 곳도 많았다. 지역의 이름을 딴 칼리지들이 운동장도 없이 달랑 건물 한 채만으로 운영되는 경우도 있다. 이들의 경우 거의 강의가 이루어지지 않는 경우가 많아서, 비하르 주와 같은 경우에는 교수들의 출퇴근 부를 만들어서 관리한다는 이야기도 있다. 이과대학의 실험실의 경우 언제 사용하였는지 먼지가 쌓여 있고, 유리창이 제대로 붙어 있는 곳이 없는 곳도 많았다.

델리대학교 본부

세계경제포럼(WEF) 조사에 의하면 인도 대학교육의 경쟁력은 한국에 앞서는 것으로 평가하고 있다. Times의 세계고등교육기관의 순위에 보면 인도 대학 가운데 세계 200개 대학에 인도공과대학인 IITs(50위), 인도경영대학인 IIMs(84위), Jawahalal Nehru University(192위)가 포함되었고, 한국의 경우는 서울대(93위), 한국과학기술대(143위), 고려대(184위)가 포함되었다.

인도에서 우리의 서울대학교에 해당되는 델리대학교가 최고의 대학이라고 할 수 없다. 인도 대학의 서열을 보면 전체적인 서열도 중시하지만 분야별 서열을 더 중시하는 경향이 있다. 공학의 경우 IIT, 경영학의 경우 IIM, 의학은 AIIMS(All India Institute of Medical Sciences)와 같이 전문화되는 경향을 보이고 있고, 그 위치도 델리에 한정되지 않고, 주요 대도시에 분산되어 있다.

인도 대학은 대부분 우리와 같이 학기제를 채택하는 대학은 많지 않고 학년제를 채택한다. 즉 한 과목을 1년 동안 배우는 시스템이다. 대학은 일반적으로 일반대학이 3년제, 의대가 4.5년, 공대 4년제 체제를 가진다. 시험도 1년에 학년 말 시험을 3~5월에 약 1개월 정도 걸쳐서 치르고, 학기는 몇몇 사립대학을 제외하고는 대부분 9월 학기제를 채택하고 있다.

인도도 우리와 같이 의대와 경영대에 대한 선호도가 높지만 다른 것은 우리의 이공계 기피 현상이 없이 공대에 대한 선호도가 높다. 또한 우리와 같이 인도도 매년 8만여 명씩 미국 등에 유학을 가고 있다. 인도정부는 이를 억제하기 위하여 외국대학의 유치 및 사립대학 설립 등을 독려하고 있다. 인도의 대학 진학률은 10% 정도에 머물고 있다. 인도 경제성장과 소득의 증대로 대학에 대한 늘어나는 수요를 충족할 수 있는 대학의 양적인 확대도 인도가 해결하여야 할 과제가 되고 있다.

또한 인도의 경우도 우리와 비슷하게 학부를 졸업한 뒤에 좋은 직장을 잡는 것을 선호하다 보니 석사과정 및 박사과정에 진학률이 적은 것도 장기적으로 인도 고등교육의 질을 확보하는 데 문제점으로 지적되고 있다. 이를 위하여 인도는 석사과정과 박사과정에 대하여는 국가에서 장학금을 주는 등의 지원 등을 취하고 있다.

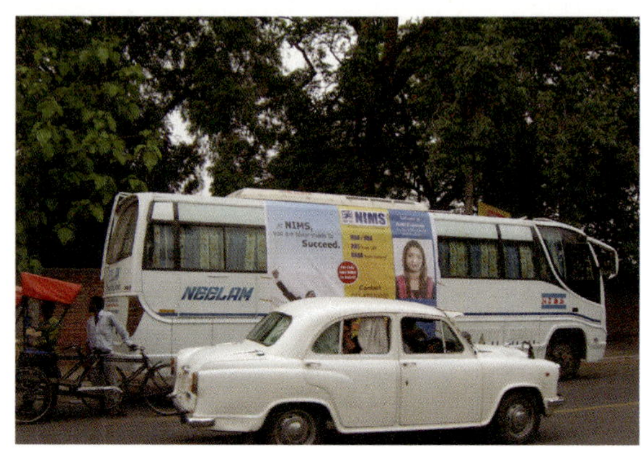

대학 학생 모집 광고 차량

　　2008년 OBC에게 27%의 입학할당제를 실시하는 등의 사회적 약자의 교육기회를 확대하는 조치 등이 있었지만 이들에게 실질적인 혜택이 돌아갈 수 있도록 하는 것도 인도 고등교육제도가 해결하여야 할 과제이다.

IIT(인도 공과대학)

우리나라에서 인도를 이야기하면서 많이 등장하는 것이 인도공과
대학(IIT: Indian Institute of Technology)이다. 영국 더 타임스는 IIT
를 MIT, 버클리 공대와 함께 세계 3대 공대로 평가하고 있다. 또
많이 회자 되었던 이야기 되운데 MIT에서 한 인도 학생에게 왜
MIT에 왔는가? 하고 물으니 IIT에 지원했다가 떨어져서 왔다는 이
야기가 있다. 경제학자 갤 브레이스는 "IIT가 실리콘 밸리를 인도
식민지로 만들었다"고 할 정도이다. 실제로 미 항공우주국(NASA)
직원의 32%, IBM 엔지니어의 28%를 IIT 출신이 차지하고 있다.

IIT는 델리 등 전국에 7개 도시에 캠퍼스를 가지고 있다가 2008
년에 6개의 캠퍼스가 신설되어 13개 캠퍼스로 운영되고 있다. 뉴
델리 남쪽 하우즈 카즈에 위치한 델리 캠퍼스의 경우 학부가 약
2,200명에 대학원생 약 1,300명 규모로 운영된다. 최근에 신설된 6
개 캠퍼스는 2008년 120명씩 입학생을 모집하였다.

인도에서 IIT에 들어간다고 하는 것은 소위 출세가 보장되는 보
증수표와 같은 것이기 때문에 이곳에 들어가기 위해서는 상상을
초월하는 노력이 요구된다. IIT 입학은 공통입학시험인 JEE(Joint
Entrance Examination)로 수학, 물리, 화학 3과목을 시험 본다.

IIT Kharapur

IIT Roorkee

　2008년의 경우 이 시험을 본 학생은 31만 명으로 이들 가운데 IIT에 5,521명이 입학을 하였다. 약 45 : 1의 경쟁률을 보였다.

　인도 독립 직후 자와할랄 네루 초대 총리가 미국의 MIT를 모델로 특별법을 제정해 설립한 IIT는 1951년 개교 한지 약 50년 만에 인도를 대표하는 교육기관으로 자리매김하고 있다. 이 학교 출신자들의 약 30%는 해외로 진출하면서 인도의 세계화와 세계의 인도화에 선도자적인 역할을 하고 있다.

이 대학의 성공요인으로 이옥순 교수는 다음과 같은 것을 제시하고 있다. 첫째, 객관적이고 엄격한 입학시험을 통하여 우수한 인재를 선발한다는 것이다. 인도의 경우 아직도 부와 권력이 대학입시에 작용하지만 IIT의 경우에는 이로부터 철저하게 독립되어 있어서 11억의 인구 가운데에서 유능한 인재를 선발할 수 있다는 것이다. 최근 SC, ST, OBC에 대한 특별전형으로 IIT의 질이 떨어진다는 비판이 제기되는 등의 사회문제를 야기하기도 한다. 2008년 대법원은 OBC에 대하여 정원의 27%를 할당하는 결정이 있은 뒤에 이에 대한 논란은 더욱 크다.

둘째는 학습량이 절대적으로 많다. 우리나라 대학이 평균 140학점을 졸업학점으로 하지만 IIT는 180학점을 이수하도록 하고 있다.

셋째, IIT는 커리큘럼과 강의요강, 강의과목과 실험실습을 시대의 요구와 변화에 신축적으로 적응하여 개발하고 학생들의 자율적 학습 분위기가 높다. IIT는 공대이지만 기술에만 매몰되지 않는 종합적, 창조적 사고력을 키우기 위해서 학부 커리큘럼에서 인문학과 사회과학을 매우 중시해 15~20개의 강좌를 반드시 듣도록 하고 있다. 또한 학생들이 스스로 프로젝트를 짜서 실험과 실습을 통해 결과물로 이를 증명해 보이는 자율 프로그램을 많이 운용하고 있다. 특히 교수들은 외부 산업체 등과 연계하여 많은 프로젝트를 운용하면서 실용적이고 실무적인 지식의 교육과 학생의 참여를 통하여 교육의 질을 제고하고 있다.

넷째, 높은 수준의 교수진을 들 수 있다. 많은 경우 IIT 교수진은 IIT 출신보다 외국에서 학위를 한 유명한 교수를 초빙하는 데 많은 노력을 하고 있다. 교수 학생의 비율이 1 : 8 정도이며, 교수진도 매학기 1.5과목 정도만 가르치는 등, 충분한 교육준비 시간을 주고 있어서 강의의 질을 제고하고 있다. 대부분의 교수들이 캠퍼스에 거주하면서 24시간을 학생과 함께한다는 것도 큰 장점인 듯하다.

다섯째, IIT는 소위 정치권뿐만 아니라 관료적인 정부기관으로부터 자율성을 확보하고 있다. 전체 학교운영비의 약 75%를 정부에서 지원을 받지만 학생 및 교수선발에서부터 교육과정 운영에 이르기까지 모든 분야에서 자율권을 가지고 있다는 것이다. 부패한 인도 사회에서 정치와 정부로부터 자율성을 가지고 교육의 수월성을 가지도록 하는 초기의 IIT에 대한 정책이 지금까지 존속하는 것도 커다란 성공요인으로 지적된다.

IIT는 최근까지 외국인 학생에 대하여 문호를 개방하지 않는 등의 폐쇄성을 문제점으로 지적받았다. 이를 개선하기 위해서 외국학생에 대한 문호를 조금씩 개방하고 있지만 아직은 많지 않은 실정이다. 또한 많은 졸업생이 해외로 진출하는 것도 인도의 인력관리에 문제점으로 지적되고 있다.

IIT의 성공과 관련하여 교육이 성공하기 위해서는 외부의 간섭으로부터 자유스러워야 하며, 시대에 적합한 신축적인 시스템을 구축하여야 한다는 논리는 우리 교육이 중요한 시사점으로 받아들여야 할 것이다.

IIT Bombay

University of Mombai

한국에 있어서 인도

　우리는 인도에 대하여 너무 많은 환상을 가지고 있다. 그것은 인도에 대하여 알지 못하기 때문에 나타난 결과이다. 우리가 접할 수 있는 많은 정보들은 인도에 대한 여행기이다. 그 여행지의 대부분은 과거의 역사적 유물이 있는 곳들이다. 우리는 과거를 보고 인도를 이해한다. 인도의 현재와 미래에 대한 정보를 접하지 못하고 있다.

　종종 인도에 오는 한국 사람들은 많은 것들을 싸들고 온다. 인도에는 없는 것이 너무 많다고 생각하기 때문이다. 그러나 인도인처럼 생활한다면 없는 것이 없는 나라가 인도이다. 인도에는 화장지가 필요 없다. 한국 생활에 필요한 것이다.

　한국의 몇몇 대학에 인도어과가 있다. 그러나 인도어는 없다. 한국의 인도어과에서 가르치는 힌디어는 전국 공용어라고는 하지만 사용 인구는 40%가 되지 않는다. 인도에는 타밀어, 뱅갈어, 텔루구어, 마라티어 등이 각각 전체 인구의 7% 이상이 사용하는 언어들이 있다. 한국의 인도어과는 힌디어 과이다.

　인도를 불교의 발생지로만 배운 한국 학생들의 1/4이 불교가 인도의 대표적인 종교로 생각하고 있다. 그러나 불교 인구는 0.7%에 불과하다. 더욱이 불교의 석가모니는 힌두교에서는 자신들의 한 신으로 생각하여 불교 사원에 들어가면 힌두교 의식으로 기도를 한다.

통신회사 에어텔의 광고　　　　　　　　　　　　　　　ⓒ 정재현

　　많은 사람들이 인도를 IT의 강국이라고 한다. 그러나 인도의 하드웨어 산업은 독자적인 영역을 가지고 있지 못하고, 소프트웨어 산업도 하청의 강국이라고 할 수 있다. 우리는 인도를 가난한 나라라고 이야기한다. 분명 인구의 절반 이상이 GDP 천불 이하의 나라이다. 그러나 우리 인구의 3배가 넘는 1억 5,000만 명의 삶의 수준은 우리의 중산층 이상이라고 할 수 있다. 인구의 30%가 사는 도시는 우리의 도시와 차이가 없다.

　　인도는 변화하고 있다. 단순히 매년 경제성장률이 8% 이상이라는 수치만 변화되고 있는 것이 아니라 사회의 모든 면과 사람들의 행동에서 변화가 일고 있다. 그 변화의 속도에 대하여 인도인들도 놀라워할 정도이다. 그 변화에 우리의 삼성, LG, 현대가 동참하고 있는 것이 인도에 있는 한국인들에게는 커다란 자부심이다.

인도는 세계인구의 1/6이 있는 거대한 시장이다. 인도는 그 큰 시장을 열어놓고 있다. 그러나 우리는 그 문을 열고자 하는 노력을 게을리하고 있다. 한국이 지속적인 성장과 발전을 위해서는 세계를 대상으로 글로벌 국가가 되어야 한다. 그 첫 번째 상대가 인도가 되어야 할 것으로 생각된다. 중국은 우리와 너무 많은 이해관계를 가지고 있는 나라이다. 그러나 인도는 그러하지 않다.

아직도 인도는 블루오션이 많은 땅이다. 블루오션을 선점하기 위해서 우리 정부는 미국보다 더 많은 관심을 가져야 할 것이다. 대통령은 일 년에 한 번, 장관은 한 달에 한 번, 공무원들은 매일 인도를 가야 한다. 중국에 진출하는 기업들도 그 눈을 돌리는 것이 필요하다.

무엇보다도 인도에 대한 환상과 그 환상에 의한 두려움을 없애기 위해서 인도에 대한 연구들이 더욱 활성화되어야 할 것이다. 언어만 가르쳐서는 아니 되고 인도학을 가르치는 대학의 학과가 늘어날 필요가 있다.

인도를 보는 눈도 델리, 뭄바이, 뱅갈루루와 같은 대도시에서 지방의 주정부로 돌려야 하고, 인구의 70%가 사는 농촌에 관심을 가져야 한다. 힌디어만이 아니라 타밀어나 마라티어에도 관심을 두어야 한다. 한국 학생이 인도에 가는 것도 장려되어야 하지만 인도학생이 한국에 오는 것도 장려되어야 한다. 한국에 있어서 인도는 단순한 여행지가 되어서는 아니 된다. 투자의 장이 되어야 하고, 국가 글로벌화의 교두보가 되어야 하며, 지식을 공유하는 교류의 장이 되어야 한다.

오늘날 인도는 외국투자의 각축장이 되고 있고, 외교와 통상의 중심이 되고 있다. 인도가 커지고 있는 것을 우리가 함께 누릴 준비를 하여야 할 것이다. 그 준비의 첫 단계가 인도는 도를 닦고 요가를 하는 정신적인 나라가 아닌 자본주의가 확대되고 있는 사람이 사는 나라라는 인식을 가지는 것부터 시작하여야 할 것이다. 즉 인도에 대하여 막연하게 가지고 있는 환상을 깨는 것부터 시작하여야 할 것이다.

ⓒ 정재현

인도를 바라보다

초판인쇄 | 2009년 8월 25일
초판발행 | 2009년 8월 25일

글·사진 | 박홍윤
사 진 | 정재현
펴낸이 | 채종준
펴낸곳 | 한국학술정보㈜
주 소 | 경기도 파주시 교하읍 문발리 파주출판문화정보산업단지 513-5
전 화 | 031) 908-3181(대표)
팩 스 | 031) 908 3180
홈페이지 | http://www.kstudy.com
E-mail | 출판사업부 publish@kstudy.com

등 록 | 제일산 115호(2000. 6. 19)
가 격 27,000원

ISBN 978-89-268-0311-0 03380 (Paper Book)
　　　 978-89-268-0312-7 08380 (e-Book)

이담 Books는 한국학술정보(주)의 지식실용서 브랜드입니다.